Anonymous

Der goldene Esel

Anonymous

Der goldene Esel

ISBN/EAN: 9783743363120

Hergestellt in Europa, USA, Kanada, Australien, Japan

Cover: Foto ©ninafisch / pixelio.de

Manufactured and distributed by brebook publishing software (www.brebook.com)

Anonymous

Der goldene Esel

Der Goldne Esel.
Zweiter Theil.

Siebentes Buch.

So bald nach vergangner Finsterniß, der Tag anbrach, und der glänzende Sonnenwagen alles erleuchtete; kam noch ein neuer Kammerad der Räuber an. Nach gegenseitiger freundlicher Begrüßung, sezte er sich in den Eingang der Höle hin, ließ sich ein wenig zu Athem kommen, und erstattete darauf seinen Collegen folgenden Bericht:

„Was des Hypaters Milo's Haus anlan»get, das wir neulich beraubt haben; so dür»fen wir deshalb ganz ruhig und außer Sor»gen sein. Nachdem Ihr, tapfere Kamme»raden, alles ausgeräumt hattet, und nach »unserm Standquartier zurückgezogen waret; »mischte ich mich, wie Ihr es mir befohlen, »unter die zusammen gelaufenen Leute, schimpfte »und klagte weidlich mit ihnen über die gesche»hene Unthat; paßte aber wol auf, was man

A 2 »wegen

„wegen Untersuchung derselben beschließen möch-
„te? und ob überhaupt; oder in wie fern dar-
„über Nachsuchung angestellt werden sollte?

„Hier ist, was ich eingezogen!

„Jedermann giebt, nicht auf Mutmaßung,
„sondern aus wahrscheinlichen Gründen, einen
„gewissen Lucius für den ungezweifelten Thä-
„ter des geschehenen Diebstals an. Dieser
„Schelm habe sich vor kurzem durch falsche
„Entschuldigsschreiben bei dem Milo einge-
„schlichen, und sei von demselben als Gastfreund
„in sein Haus aufgenommen worden. Daselbst
„habe er sich verschiedene Tage aufgehalten;
„während welcher er die Magd des Milo durch
„unerlaubten Umgang auf seine Seite gebracht,
„und alle Schlösser des Hauses, und alle Be-
„hältnisse, worin der Wirth sein Vermögen
„verwahrt, untersucht und ausgekundschaftet.
„Es wäre auch nicht die geringste Spur von
„dem Bösewichte zu entdeken. Er wäre mit
„dem Augenblike, da der Diebstal geschehen,
„verschwunden, und nirgends mehr anzutref-
„fen. Auch hätt' es ihm nicht an Mittel ge-
„fehlt, seine Flucht zu beschleunigen, und den
„Nachsezern zu entgehen; da er gleich zu der
„Absicht mit einem schönen Schimmel versehen
„gewesen. Zwar habe man keinen Kerl noch

„im

„im Hauſe gefunden, und denſelben in Ver-
„haft genommen, weil man geglaubt, er
„würde die Anſchläge ſeines Herrn verrathen:
„Allein, ohnerachtet dieſer den andern Tag
„lange gefoltert, und faſt bis auf den Tod ge-
„martert worden, ſo habe er doch nicht das
„Geringſte Nachtheilige von ſeinem Herrn be-
„kannt. Gleichwol habe man viele Abgeſand-
„ten nach dieſes Lucius Vaterland geſchift, um
„daſelbſt wegen Beſtrafung des Verbrechens
„anzuſuchen.„

Derweile dieſer alſo erzelte, verglich ich bei
mir ſelbſt meine vormalige Glükſeligkeit als Lucius, mit meinem jezigen Elende, als Eſel;
und ſeufzte aus dem Innerſten meines Herzens.
Ich begrif anizt, daß die klugen Alten nicht
ohne Grund das Glük blind und völlig Augen-
los gebildet; da es mit ſeiner Gunſt nur immer gegen Böſe und unwürdige Leute verſchwen-
deriſch iſt; nie mit Beurtheilung unter den
Menſchen eine Wal trift; vielmehr die am mei-
ſten vorzieht, vor denen es ſelbſt laufen würde,
wenn es ſie ſehen könnte; und (was von allem
das Aergſte iſt) über unſre Meinung eben ſo
wunderlich, als widerſinnig waltet, ſo daß
der Schurke oft für einen rechtſchaffenen Kerl

A 3　　　gilt,

gilt, indem der Biedermann wie ein Bösewicht
behandelt wird.

„Dich — sagt' ich bei mir selbst — den
„es schon, in seiner schlimmsten Laune, zu dem
„allerverächtlichsten Thiere herabgewürdiget
„hatte; dessen Unglük auch dem verruchtesten
„Menschen Erbarmen und Mitleiden abgelokt
„haben würde — Dich noch mit dem Verdachte
„der Beraubung, ja der Ermordung Deines
„theuren Gastfreundes zu beladen! Und Du
„mußt es noch so mit anhören und kannst Dich
„nicht einmal vertheidigen, oder die Sache
„nur mit Einem Worte leugnen!„

Endlich übernahm mich Ungeduld: „Stehst
„Du so dabei, dacht' ich, und sagst nichts;
„so scheint's, als habest Du ein böses Gewis-
„sen, und sei die abscheuliche Beschuldigung
„wahr.„ Ich wollte also wenigstens ausrufen: „Ich bin unschuldig!„

Das erste Wort kam ganz gut und laut
und mehr, als einmal heraus; allein die übrigen vermocht' ich auf keine Weise hervorzubrin-
gen. Ich mochte meinen unförmlichen unge-
schikten Lippen noch so viel Gewalt anthun, ich
mochte sie noch so sehr vorstreken und spizen;
es blieb bei demselben Tone! Ich! Ich! yanete
ich mehrmals, daß alles wiederhallte.

Da

Da alles Hadern mit dem Glüke umsonst
war, blieb nichts anders zu thun, als alles
zu verschmerzen. Hatte ich mich doch schon
darin ergeben müssen, daß ich mit meinem eignen Reitgaule, Dienst-, Last- und Krippen-
Genosse geworden war!

Ich versank darauf in einer wichtigern Sorge, als die über die Verlezung meines guten
Leumundes war. Das über mich gesprochene
Urtheil, wodurch ich zum Schlachtopfer für
die Seele des Mädchens verdammt worden,
kehrte mir wieder zu Sinne; und ich blikte so
wehmüthig nach meinem Bauche hin, als wäre
er schon mit dem armen Mädchen trächtig.

Unterdessen holte der Räuber, der so eben
die falsche Nachricht von mir mitgebracht hatte,
tausend Goldstüke hervor, die er in einem Zipfel seines Kleides eingenähet hatte. Er hätte
sie, sagte er, verschiedenen Reisenden abgenom-
men; als ein redlicher Kerl aber, brächte er sie
treulich zur gemeinschaftlichen Kasse. Er erkundigte sich auch sehr geflissentlich nach seiner
Kammeraden Befinden.

Als er hörte, daß einige von ihnen, und
zwar die wakersten, bei verschiedenen gefährli-
chen Vorfällen draufgegangen wären; so that er
den Vorschlag: „Man solle eine Weile die Land-

straßen

straßen in Frieden laſſen und allgemeinen Waf-
fenſtillſtand beobachten; unterdeſſen aber ſich
auf Anwerbung junger Leute legen, damit ihr
Martialiſches Heer völlig rekrutirt und wieder
ſo vollzälig als anſehnlich würde. Die Wider-
ſpenſtigen könne man ja mit Gewalt zwingen;
und die Unentſchloſſenen durch Geſchenke gewinnen; davon nichts zu erwehnen, daß ſehr viele
herzlich gern freiwillig zu ihrer Geſellſchaft über-
gehen würden, um ſich nur dem Joche der
Knechtſchaft zu entziehen, und bei ihnen ein
freies Herrenleben zu führen. Er, für ſein
Theil, ſei unlängſt einem großen, vierſchröti-
gen, handfeſten, jungen Kerl begegnet, und
habe ihm angerathen, und endlich ihn auch
überredet: Die Nerven ſeines Arms nicht *in*
ſtäter Faulheit erſchlaffen zu laſſen, ſondern zu
etwas beſſern anzuwenden; des Vortheils einer feſten Geſundheit ſich noch zur rechten Zeit
zu Nuze zu machen; und nicht ſchüchtern nach
kärglichen Almoſen eine ſtarke Fauſt auszureken, mit der er gebietheriſch große Geldſummen
einfodern könnte.»

Der Rath ward beliebt. Es wurde be-
ſchloſſen ſowol den halb und halb Angeworbe-
nen aufzunehmen, als auch auf's Rekrutiren
auszugehen.

Darauf

Darauf gieng der Werber fort, und nach
Verlauf kurzer Zeit kehrt' er wieder mit einem
so schönen großen Kerl, wie er versprochen hatte, zurück. Fast keiner von den Anwesenden
konnte sich mit demselben vergleichen. Ohne
von seiner übrigen stammhaften Leibesstatur zu
reden, war er noch Kopfs größer als alle insgesamt, und das Milchhaar kräuselte sich kaum
erst auf seinen Wangen. Sein Anzug bestand
aus lauter Lumpen von allerhand Farben, die
übelzusammengefizt waren; kaum bedekten sie
ihn halb; allenthalben strebte daraus eine breite
Brust und ein mit diker Schmuzrinde überzoge-
ner Leib hervor.

Als er hereintrat, sprach er:

„Seid gegrüßt, Ihr wakere Diener des
„Gottes Mars, bald meine Brüder! und wol-
„let willig unter Euch einen Menschen aufneh-
„men, der sich freiwillig anbietet; sein Leben
„schon oftmals gewagt hat; lieber Wunden,
„als Geld empfängt; und dem Tode, den An-
„dere scheuen, kühn Troz zu bieten weiß! Glaubt
„nicht, daß Mangel oder Verworfenheit mich
„zu Euch treibe; und beurtheilt meine Verdien-
„ste nicht aus diesen Lumpen; denn, wie Ihr
„mich hier sehet, bin ich Hauptmann der al-
„lerstärksten Bande gewesen, und habe ganz

„Mace-

„Macedonien verwüstet. Ich bin jener be-
„rühmte Straßenräuber, der Thracische Hä-
„mus, bei deſſen Namen ganze Provinzen zit-
„tern. Mein Vater hieß Thero, und iſt gleich-
„falls unter den Straßenräubern nahmhaft.
„Er hat mich mit Menſchenblut geſäugt, und
„mitten unter ſeiner Banditenbande erzogen.
„Ich bin Erbe und Nacheifrer ſeiner hohen Ei-
„genſchaften. Allein die ganze zalreiche Ge-
„ſellſchaft, die er mir hinterließ, mit ſamt den
„großen Schäzen allen, hab' ich innerhalb ei-
„nes kurzen Zeitraums verloren; weil ich den
„erſten kaiſerlichen Finanz-Miniſter, der in Un-
„gnade gefallen war, im Vorbeigehen, an der
„See-Küſte *) angefallen hatte. Doch ich
„will Euch die ganze Sache in ihrer Ordnung
„erzehlen.

„Es lebte am kaiſerlichen Hofe ein mit vie-
„len Würden und Aemtern bekleideter Herr in
„großer Gunſt und Anſehen. Neid machte ſich
„an ihn; feindete ihn an; ſtürzte ihn. Er
„ward relegirt. Seine Gemalin, eine gewiſſe
„Plotina, eine Frau von ſeltner Treue und
„Tugend, die ihrem Gatten ſchon zehn Kinder
„gebohren, verſchmähete und verachtete der
„Hauptſtadt üppige Ergözlichkeiten, theilte den
„Kum-

*) Ich leſe in ora.

„Kummer ihres Gemals, und gesellte sich ihm
„im Elende, als Gefährtin zu. Sie schor sich
„das Haar ab; kleidete sich wie eine Manns=
„person; versteckte Juwelen, Geschmeide und
„Spargeld, in ihrem Gürtel; und gieng so,
„unerschroken, unter der Wache und unter den
„blanken Schwerdtern einher, jeglicher Gefahr
„theilhaftig, immer wachsam auf die Wolfahrt
„ihres Gemals, und mit ächtem männlichem
„Mut alle Mühseligkeiten erduldend.

„Schon waren fast alle Beschwerlichkeiten
„und Gefahren der Reise, zu Wasser und zu
„Lande, glüklich überstanden; und man steur=
„te auf Zazynthus los, welches dem Ver=
„bannten vor der Hand zum Aufenthalte war
„angewiesen worden, als man sich einfallen
„ließ, vorher am Actiischen Gestade noch an=
„zulegen, allwo wir eben, nachdem wir von
„Macedonien herabgekommen waren, unser
„Wesen trieben. Die ganze Schifsmannschaft
„verließ den Bord, um in einem kleinen Wirths=
„hause, nicht weit vom Meere, zu übernach=
„ten. Wir überfielen sie darinnen, und plün=
„derten sie rein aus; wiewol nicht ohne die
„allergrößte Gefahr. Denn so bald nur Plo=
„tina das erste Geräusch an der Hausthüre
„hörte, stürzte sie in die Stube hinein, und
„machte

„machte durch ihr ängſtliches Geſchrei alles
„wach. Soldaten, Bedienten, die ganze
„Nachbarſchaft, rief ſie zu Hülfe. Und hät-
„ten ſich nur die Leute nicht alle ſelbſt gefürch-
„tet, und vor Angſt verkrochen; wir wären
„nimmermehr ſo ungeſtraft davon gekommen!

„Hierauf kam das treue Biederweib (denn
„ich muß ihr Gerechtigkeit wiederfahren laſſen)
„mit ihren Bitten bei dem Kaiſer ein; und da
„ſie ihrer Klugheit und ihres guten Herzens
„wegen allgemein beliebt iſt, ſo erhielt ſie ſo-
„wol die ſchleunige Zurükrufung ihres Gemals,
„als auch vollſtändige Rache wegen der Be-
„raubung.

„Kurz, der Kaiſer wollte nicht, daß des
„Hämus Straßenräubergeſellſchaft ferner be-
„ſtehen ſollte; Den Augenblik war es auch da-
„mit aus! Soviel vermag der bloße Wink ei-
„nes großen Fürſten!

„Als uns nun einige Compagnien Solda-
„ten nachſezten, und alle meine Leute nieder-
„machten; wiſcht’ ich noch mit genauer Noth
„und ganz allein davon.

„Ich entkam dem Tode; der mich gleich-
„ſam ſchon in ſeinen Klauen hielt, auf folgen-
„de Art. Ich legte ein geblümtes Weiberkleid
„an, das hübſch weit und lang war, und
                                  „recht

„recht schlotterig saß; sezte eine Müze auf; zog
„weiße dünne Schuhe an, wie das andere Ge-
„schlecht zu tragen pflegt, und also vermum-
„met, bestieg ich einen Esel, der Gerste trug,
„und ritt glüklich mitten durch die Haufen der
„mir nachstellenden Soldaten hindurch. Sie lie-
„ßen mich frei und ungehindert passiren, weil
„sie mich für eine Eseltreiberin ansahen; denn
„ich hatte damals noch keinen Schein von Bart.

„Inzwischen, so enge um's Herz es mir auch
„unter den Schnaphänen ward; so blieb ich den-
„noch des Ruhms und der Tapferkeit meines
„Vaters eingedenk. Unter meiner Vermum-
„mung fand ich leicht in den Schlössern und
„Landhäusern Zugang, und war ich gleich al-
„lein, so scharrte ich demohnerachtet einen an-
„sehnlichen Reisepfennig zusammen.„

Hiermit schnallte er seinen Wammes auf,
und schüttete zweitausend Goldstüke aus.

„Da, sprach er, diese Kleinigkeit biete ich
„von ganzem Herzen Eurer Gesellschaft zum An-
„tritts = Gelde. — und mich selbst unmaßgeb-
„lich zum Anführer dar! mit der Verheißung;
„diese Eure steinerne Wohnung in gar kurzer
„Zeit in eine goldne zu verwandeln!„

Ohne Anstand noch Bedenken übertrugen
die Räuber ihm einstimmig die Hauptmann-
schaft.

schaft. Sie brachten sogleich ein stattliches
Kleid hervor, und ließen es ihn, statt des zer-
lumpten Kittels, anziehen. Als er geputzt war,
küßt' er sie Reihe herum. Nun wurde er bei
Tische auf den Ehrenplatz gesetzt, und unter
weiblichem Gebecher bei einem frölichen
Schmause eingeweihet.

Unterm Tischgespräche ward er von des
Mädchens Flucht, und meiner willigen Bei-
hülfe, und von dem uns zuerkannten abscheulichen Tod unterrichtet. Er erkundigte sich, wo
das Mädchen wäre, und ließ sich zu ihr führen. Als er gesehen, wie sie krumm zusammen geschlossen da lag, gieng er mit gerümpf-
ter Nase wieder hinweg, und sprach:

„Ich bin weder so einfältig, noch so ver-
„wegen, daß ich dasjenige, was Ihr beschlos-
„sen habt, gradezu aufheben sollte. Inzwi-
„schen würd' ich mir doch auch Vorwürfe ma-
„chen, Euch das zu verhelen, was mir gut
„dünkt. Hört mich in dem Vertrauen an, daß
„Euer Vortheil mir am Herzen liegt! Miß-
„fällt Euch meine Meinung, nun so bleibt die
„Erfüllung der Eurigen Euch zu immer un-
„verwehrt.

„Ich denke also: Räuber, die Ihr Hand-
„werk verstehen, müssen nichts in der Welt ih-
„rem

„rem Vortheile vorziehn; selbst die Rache nicht,
„mit der man ohnehin nur allzuoft eben so sehr
„sich selbst, als andern schadet! Gesezt, Ihr
„lasset das Mädel im Esel umkommen; so ists
„wahr, Euer Müthlein habt Ihr gekühlt; aber
„Euer Vortheil, was gewinnt der?

„Darum so wäre mein unmaßgeblicher
„Rath: Bringen wir die Dirne lieber nach ir-
„gend einer Stadt! und da sie verhandelt!
„Für solch eine Jugend kann man etwas lösen.
„Ich kenne Kuppler, die sie uns mit ~~Freuden~~
„Freuden für baare alte Dukaten abnehmen.
„Laßt denn das gnädige Fräulein eine Bordel-
„Dame werden! Die Lust zu einer anderweiti-
„gen Flucht, wird ihr da schon vergehen! und
„bei dieser so treflichen Versorgung, seid Ihr
„wahrhaftig nicht minder gerächt.

„So wäre mein Vorschlag nach meinen be-
„sten Einsichten! Ich halt' ihn für ersprießlich;
„stelle ihn Euch aber völlig anheim. Es ist
„Eure Sache. Ihr seid Herren und Meister,
„darin zu thun oder zu lassen, was Ihr
„wollet!„

Also sprach er, und erwieß sich dadurch zu
gleicher Zeit als einen eben so eifrigen Plus-
macher, denn Erretter von dem Mädchen und
mir armen Grauchen.

Die

Die Andern rathschlagten ein Langes und
ein Breites.   Mir war bei ihrer Unschlüssigkeit
nicht wol; mein Herz war in der Klemme. Endlich und endlich traten sie alle einhellig der Meinung des neuen Ankömmlings bei; und dem
Mädchen wurden so gleich die Fesseln abge-
nommen.

Wer hätt' es geglaubt? So bald das
Mädel nur den jungen Kerl gesehen, und von
Bordel und Kuppler gehört, wußte sie sich
vor Freuden nicht mehr zu lassen! Das em-
pörte mich gewaltig.   Ich ward auf das ganze
Geschlecht ungehalten, als ich sah; wie ein
junges Ding, das so viele Liebe zu ihrem
Bräutigam, und so großes Verlangen nach
einer ehelichen Verbindung bezeugt — so ehr-
vergessen, und bei erster Erwehnung eines lüderlichen unzüchtigen Hauses, so über die Maßen erfreut sein konnte.

„Ach! sie haben alle weder Sitten noch
„Charakter!“ brach ich bei mir selbst voller Unwillen aus.   Das Schöne Geschlecht verzeih'
es! Ich sprachs als — Esel.

Der neue Hauptmann nahm darauf wieder das Wort.

„Izt, sprach er, lasset uns vorerst unserm
„Beschüzer, dem Mars, ein Dankfest feiern;
„und

„und dann auf Verkauf des Mädels, und auf
„Anwerbung neuer Rekruten ausziehen! Aber,
„mir deucht, es fehlt uns wol an Opfervieh,
„und an hinlänglichem Vorrathe an Wein zum
„Trinken. So gebt mir nur ihrer zehn Ge-
„fährten zu, — mehr braucht's nicht, — da-
„mit ich nach dem nächsten Schloße gehe, und
„dort Erndte halte zu unserm Schmause!„

Das geschah und er marschirte mit ihnen fort.

Unterdessen zündeten die Uebrigen ein großes Feuer an, und errichteten aus frischem
Rasen dem Gotte Mars einen Altar.

Nach Verlauf kurzer Zeit kehrten jene wieder zurük, große Weinschläuche auf den Schultern, und eine Herde Vieh vor sich her.

Ein großer bejahrter langzottiger Ziegen-
bok ward gleich zum Opfer auserlesen, und
dem helfenden und schüzenden Mars geschlach-
tet. Darauf gieng es an die Zubereitung des
herrlichen Gastmals.

„Nicht genug — begann endlich der Haupt-
„mann — daß ich bei Euren Auszügen und
„Räubereien Euer rüstiger Anführer bin: Ich
„will es auch bei Eurem Vergnügen sein!„

Und damit schikt er sich an mit großer Ge-
flissenheit alles zu besorgen. Er wischt, kehrt,

II. Theil.　　　　　B　　　　　schwenkt,

schwenkt, dekt, kocht, richtet an, trägt auf,
legt vor; — es war ein Vergnügen, ihn zu
sehen! Vor allen Dingen aber ließ er sich ange-
legen sein, die großen Humpen recht fleißig
anzufüllen.   Und unterm Schein als holt'
er etwas, das bei Tische fehle, gieng er von
Zeit zu Zeit dahin, wo das Mädchen lag. Bald
brachte er ihr Essen, das er heimlich wegprac-
ticirt; bald ließ er sie aus seinem Becher trinken, nachdem er vorher selbst kredenzet.   Er
war seelenvergnügt.

Das Mädchen, ihrer Seits, nahm alles
mit Freuden an, was er ihr zustekte; und wann
er ihr zuweilen einen Kuß geben wollte, reichte
sie ihm zuvorkommend den Mund hin.   Das
verdroß mich ungemein.

„Pfui! — apostrophirt' ich sie unwillig
„bei mir selbst, — bist Du ein ehrliches Mäd-
„chen und kannst so der Eheverlobung und Dei-
„nes Geliebten vergessen? kannst dem Bräuti-
„gam, den Deine Eltern Dir zugedacht, die-
„sen wildfremden, blutdürstigen Räuber vor-
„ziehen? Du mußt ja gar kein Gewissen ha-
„ben, daß Du Deine Liebe so mit Füßen tritst,
„und hier unter Lanzen und Schwerdtern Un-
„zucht treibst! Weißt Du wol, daß, wo es
„die anderen Räuber merken, — Du gleich
                              „wieder

„wieder zur alten Strafe verurtheilt werden,
„und mir also das Leben rauben wirst? Wahr-
„haftig, das heißt, aus andrer Leute Leder
„Riemen schneiden!„

Indem ich aber noch so in meinem Herzen
mit ihr haderte, merkte ich mit einmal aus einigen dunkeln Reden, die aber doch für einen
Esel von Verstande Sinn hatten; daß ich gegen das arme unschuldige Kind einen gar fal-
schen Verdacht hegte; indem der vermeinte be-
rühmte Straßenräuber Hämus, kein anderer
war, als Tlepolem selbst, ihr Bräutigam.
Aus der Folge ihres Gesprächs ward mir's
vollends offenbar, denn meine Gegenwart legte
ihnen nicht den geringsten Zwang an.

„Nur gutes Muths, süße Charite! —
„sagte er etwas laut zu ihr — Bald sollst Du
„diese Deine Feinde alle als Deine Gefange-
„nen sehen!„

Mit den Worten gieng er, und schenkte
den Schwelgern bei Tische, die schon alle ihre
völlige Ladung hatten, lauter ungemischten
und nur etwas laugemachten Wein ein; mun-
terte sie dabei noch unaufhörlich zum Trinken
auf; that ihnen aber nur immer aus leeren
Bechern Bescheid.

War-

Warlich! ich habe ihn in Verdacht, daß
er ihnen ein Schlafbringendes Mittel in den
Trunk gethan! denn strafs lagen sie allesamt
wie todt da, in Schlaf und Weine begraben.

Nun war er drüber her, sie dicht und fest
zu knebeln und zu binden, und als er damit fertig war, sezte er sein Mädchen mir aufn
Rüken, und sofort der Heimat zugewandert!

Wie wir uns derselben näherten, ergoß sich
schier die ganze Stadt aus den Thoren. Eltern,
Anverwandten, Freunde, Pflegekinder, Gesinde, alles kam jauchzend uns entgegen gerannt; in allen Augen blizte die Freude des
Wiedersehens. In kurzem hatten wir ein un-
zäliges Gefolge. Groß und klein, jung und
alt, Mann und Weib wimmelte in frölichem
Getümmel um uns her. Auch war es in der
That ein seltnes und merkwürdiges Spektakel,
ein Mädchen im Triumph auf einem Esel ein-
ziehn zu sehen!

Was mich betrift, um gleichfalls meinen
Antheil an der gegenwärtigen erfreulichen Begebenheit bliken zu lassen, und bei der allgemeinen Freude nicht gleichgültig zu scheinen —
Ich stolzierte hochtrabend einher; und mit em-
porgerekten Ohren und ofnen Nüstern frohlokte
und

und jubilirte ich dermaßen aus vollem Halse, daß alles nur drönte.

Also gelangten wir zu Charitens Wohnung.

Ihre Eltern trugen sie auf ihren Händen hinein und pflegten ihrer mit der allerzärtlichsten Sorgsamkeit. Mich aber trieb Tlepolem unverzüglich mit andern Saumthieren mehr, von einer großen Menge Leute begleitet, wieder zur Räuberhöle zurük. Ich sah es gern. Da Neugier überhaupt sehr meine Sache ist; so wünschte ich die Räuber aufheben zu sehen.

Wir fanden sie nicht so sehr mehr vom Weine als von den Strifen gebunden.

Man säumte nicht, die mehrsten, so gebunden wie sie waren, in die nahen Steinklüfte hinunter zu stürzen. Die übrigen stießen sich ihre Schwerdter durch den Leib und ermordeten sich selber.

Hierauf wurde das ganze Raubnest ausgeräumt. Man belud mich und die andern Lastträger mit dem vorgefundenen Gold und Silber und den übrigen Sachen, und zog über die genommene Rache vergnügt und zufrieden nach der Stadt zurük.

Die mitgebrachten Reichthümer wurden in die öffentliche Schazkammer gelegt; dem Tle-

B 3 polem

polem aber ward sein wiedergeholtes Mädchen
gesezmäßig zur Gattin gegeben.

Hinfort hat mich die schöne Charite beständig ihren Erretter genannt, und sehr geflissentlich für mich gesorgt. An ihrem Hoch-
zeittage ließ sie mir so viel Heu und Gerste geben, daß ein Baktrisches Kameel daran genug
gehabt hätte. Was wünscht' ich der armen
Fotis nicht all für Böses an! daß sie, anstatt
in einen Esel, mich nicht lieber in einen Hund
verwandelt hatte; denn diese machten sich wenigstens fette Mäuler beim Schmause, und
stopften sich bis zum Uebermaaße mit den le-
kersten Ueberbleibseln voll.

Am Morgen nach der Brautnacht, nach
dem ersten Genusse der süßen Freuden der Liebe;
hatte die holde Charite nichts angelegners als
ihre Eltern und ihren Gemahl aufs Neue recht
dringend an die große Verbindlichkeit zu erin-
nern, die sie mir schuldig zu sein glaubte.
Man versprach ihr, mich nach Verdiensten zu
belohnen; und so fort wurde eine Versammlung der ältesten Hausfreunde angestellt, um
über die Art und Weise wolweislich zu rath-
schlagen.

Einer von den Mitgliedern dieses hohen
Raths schlug vor: Man solle mich, von aller

Arbeit

Arbeit frei, im Stalle mit gestampfter Gerste, mit Bohnen und Wiken, todtfuttern.

Allein ein Anderer redete meiner Freiheit das Wort, und trug den Beifall davon. Er rieth: mich lieber auf ofnen Triften frei unter den Pferden herum laufen zu lassen; dabei wür- de mein Vergnügen eben so sehr, als der Herr- schaft Vortheil gewinnen; denn ich würde mit den Stuten schön thun, und da würden dann brave Maulesel fallen.

Unverzüglich wurde der Gestütmeister geru- fen, und ich ihm mit den schönsten Empfeh- lungen übergeben.

Froh und fröhlich troll' ich vor ihm hin, in meinen Gedanken nun auf immer alles Ge- päks und aller Lasten entlediget, und voll der besten Hofnung, da ich völlige Freiheit hätte, mit Anfang des Frühlings, wann die Wiesen grün würden, irgendwo Rosen auszugattern. Oft gieng mir auch der Gedanke durch den Sinn; da man sich izt schon so erkenntlich ge- gen mich erwiese, und mich als Esel so in Eh- ren hielt: was man alsdenn nicht erst thun möchte, wann ich die menschliche Gestalt wie- derum angenommen hätte!

Allein, so bald mein Gestütmeister mich nur erst weit von der Stadt weg hatte; so war

leider!

leider! für mich weder an Vergnügen noch an
Freiheit zu gedenken. Sein altes garstiges
Weib, ein wahrer Ausbund eines Geizhalses,
spannte mich sogleich vor eine Zug-Müle; stellte
sich mit einem Prügel neben mich hin mir damit Muth einzusprechen; und ließ mich in
Eins weg für sich und alle die Ihrigen Mehl
malen. Ja, was sag' ich? Sie war damit
noch nicht einmal zufrieden, daß ich ihr ganzes Hauswesen mit Mehl versah; ich mußte
ihr auch noch Geld verdienen, und für alle
ihre Nachbaren Getreide malen.

Und wenn sie mir armen Schelm bei der
sauren Arbeit, nur noch das mir ausgemachte
Futter gegeben hätte! Aber da verkaufte sie
meine Gerste, (die ich noch dazu selbst in müh-
seligem Umlaufe zermalmen mußte) an die
Bauern; und mir sezte sie an dessen statt, wann
ich den ganzen Tag in der Müle gegangen war,
gegen Abend ein wenig grobe unreine Kleie vor,
die ich vor Steinen fast nicht fressen konnte!

Nachdem ich durch solcherlei Ungemach
schön ganz zahm geworden war, übergab das
grausame Glük mich noch neuen Qualen. Der
treue Gestütmeister ließ sich mit einmal, wiewol etwas spät, einfallen, dem Befehle seines

Herr-

Herrschaft nachzukommen, und that mich zu
den Pferden auf die Weide.

Ich hatte anfangs solch eine Freude, ich
guter Esel, mich endlich frei und ledig zu sehen;
daß ich mich nicht zu lassen wußte. Ich hüpfte,
tanzte, cabriolete. Mit lüsterm Auge ersah
ich mir schon die schönsten Stuten zur Kurzweil
aus. Allein wie bald, wie schreklich, ward
ich aus dem süßen Wahne erwekt! Ich hätte
schier das Leben drüber eingebüßt!

Die Zuchthengste, wilde, ungeschlachte,
wolgenährte, starke Thiere, gegen die ein arm-
seliges Eselein, wie ich war, gar nicht in Be-
trachtung kam, — verstanden meinen Spaß
unrecht, und wurden eifersüchtig. Aus Furcht,
ich möchte ihnen ins Handwerk pfuschen, sezten sie alle Gastfreundschaft hintan, und ver-
folgten mich alle miteinander, als ihren Ne-
benbuler mit dem grimmigsten Haß. Der Eine,
von breiter Brust, langem Halse, kleinem
Kopfe, bäumte sich hoch, und hieb mit den
Voderfüßen auf mich ein. Der Andre kehrte
mir sein fleischichtes Hintertheil zu, und strich
mit den Hufen mir sehr unsanft die Seiten.
Der Dritte kam mit boshaftem grellem Ge-
wieher, die Ohren zurükgelegt, die Zähne blä-
kend, — und zerkauete mich über und über,

B 5   wie

wie einen Krautſtengel. Ich hatte in der Ge-
ſchichte von einem gewiſſen Thraciſchen König
gehört, der ſeine unglükliche Gäſte wilden Pferden vorwarf, und ſie von ihnen zerreißen und
freſſen ließ. Bei all ſeiner großen Macht, war
der Tyrann ſo geizig, daß er lieber mit Men-
ſchenfleiſch, als mit Haber fütterte. Ich
glaubte ſchier, ich wäre zu ihm gerathen, ſo
ſehr waren alle Pferde des ganzen Angers auf
mich erpicht! Sehnlich wünſcht' ich mich in
meine Zug-Müle zurük.

Inzwiſchen das Glük war noch nicht müde mich zu quälen. Es bereitete mir noch andern neuen Jammer. Ich ward nunmehr be-
ſtimmt, Holz von einem Berge herunter zu holen, und ein erzböſer Bube, der ſeine Freude
daran hatte, mich bis aufs Leben zu martern,
wurde mir zum Treiber beſtellt.

Nicht genug, daß ich höchſt mühſam auf
den hohen, ſteilen Berg hinauf zu klettern hatte,
und mir auf den ſpizen Steinen ganz das Horn
von den Füßen abſtieß; lag der Jauner mit ſeinem verdammten Knüttel mir noch unaufhörlich auf den Lenden. Bis in dem innerſten
Mark meines Gebeins fühlt' ich Schmerz von
ſeinem ewigen Geprügel. Weil er immer nur
auf Einen Flek ſchlug, war auf der rechten
Seite

Seite endlich gar die Haut von der Hüfte weg-
gegangen, und alles unterkötig geworden. Es
sah zum Erbarmen aus; doch das rührte ihn
nicht! Er karniffelte drauf los, Eiter und Blut
mochten noch so sehr aus der Wunde umher-
spritzen! Dabei überlud er mich dermaßen mit
Holze, als ob ich ein Elephant gewesen wäre.
Und traf es sich, daß er schief gepakt hatte,
und die Last zu sehr auf einer Seite hieng; So
warf er nicht etwa einige Kloben von der zu
schweren Seite ab, damit ich nicht gedrükt
würde, oder legte sie nur auf die andere Seite,
damit das Gleichgewicht hergestellt würde:
Weitgefehlt! Er nahm Steine und brachte damit meine Ladung in die Richte.   Gleichwol,
wann wir durch den Fluß sezten, der mitten
in unserm Wege floß; so dachte er viel an die
ungeheure Ueberlast; sondern um sich nur nicht
die lieben Füßchen naß zu machen wann er
durch die Furt wadete, — stieg er noch dazu
auf mich und ließ sich durchtragen. Und wollte
der Zufall, daß mir aufm schlüpfrigen Ufer
ein Fuß ausglitschte, und ich mit meiner Last
mich nicht mehr halten konnte, sondern stürzte:
Anstatt, wie andere Eseltreiber es zu machen
pflegen, mir hülfliche Hand zu reichen, mich
bei der Halfter aufzurichten, beim Schwanze
in

in die Höhe zu heben, oder einen Theil der Bürde abzuladen, bis ich wenigstens nur wieder aufgestanden; So bestand alle kräftige Hülfe die er mir leistete, darin; daß er mir fast das Fell über die Ohren zog, und mit seiner Keule mich schier zu Mus stampfte, bis ich endlich von selbst wieder auf die Beine kam.

Ja, das war das gebrannte Herzeleid noch nicht alle, das der Bärenhäuter mir anthat! Nahm er nicht einmal Dornen mit giftigen Spizen, band sie in einen Bündel zusammen, und hieng sie mir unten an den Schwanz; so daß sie, wann ich gieng beständig hin und her bammelten, und mich bei jedem Tritte, den ich that, aufs empfindlichste verwundeten? Ich wußte nicht was ich anfangen sollte. Lief ich zu? so kamen die Dornen dadurch in einen stärkern Schwung, und stachen beim Anprellen nur desto schärfer. Blieb ich stehen? meinen Schmerz zu lindern; so regnete es Schläge.

Kurz alles Dichten und Trachten des abscheulichen Wüterichs schien nur dahin zu gehen; mich zu Grunde zu richten. Zuweilen drohete er's mir auch unter den größten Schwüren an. Und fürwahr! um Ein Haar hätte er es wirklich ins Werk gerichtet!

Die

Die Geduld riß mir eines Tages über seinen unausstehlichen Uebermut aus, und ich
versezte ihm etliche tüchtige Hufschläge. Das
spannte seine Bosheit aufs Höchste, und er
gedachte es mir. Wie ich einmal Werk zu
tragen habe, das mir mit Striken fest aufge-
schnürt war, was hat er da zu thun? Er stielt
sich unterwegs in einem Dorfe eine glühende
Kohle, und versteft sie in meiner Ladung. Es
daurte keinen Augenblik, siehe, so war der
ganze Braß entzündet, und brannte heller lichter Lohe, und da stand ich mitten in Flammen!
Vor Schrek war ich aus aller Fassung. Ich
wußte meinem Leibe keinen Rath. Je schärfer
das Feuer auf meinem Rüken brannte; je
verwirrter ward ich. Ich gab mich für verloren.

Allein hold lächelte mir das Glük in dieser
dringenden Noth, und rettete mich von dem
mir bereiteten gegenwärtigen Verderben, um
vielleicht mich zu neuen größern Gefahren auf-
zusparen. Es zeigte mir in der Nähe eine vom
gestrigen Regen zusammengelaufene Pfüze. Mit
einem Saze saß ich darinnen bis über die Ohren! und straks war ich von Feuer, Last und
Tod befreiet.

Allein

Allein, sollte man's denken? diese seine Schandthat schob der Bösewicht gar noch auf mich. Er hatte die Unverschämtheit, gegen die andere Stallknechte auszusagen: Von freien Stüken sei ich im Vorübergehen bei den Feuern der Nachbaren gestolpert und gefallen, und habe meine Bürde recht mit Willen angestekt. Hohnlächelnd nach mir hinblikend sezte er hinzu: „Wie lange werden wir doch noch den „Feuerwurm da, für nichts und wider nichts „ernähren?„

Wenig Tage darauf spielte er mir noch einen weit ärgern Streich.

Er verkaufte in der nächsten Hütte das Holz, das ich hatte holen müssen, und trieb mich ledig nach Hause; lamentirte aber ganz erbärmlich und fluchte und schwur: er wolle ehr ich weiß nicht was, sein, als mein Treiber! Ich wäre so voller Untugenden, daß mit mir nicht auszukommen sei.

„Seht nur — schrie er — was das erz„faule, träge Luder, das nicht werth ist, daß „man es anspeiet, für gefährliche Händel an„richtet! Wer ließe sich wol einfallen; daß so „wie er nur irgend eine hübsche Frau, oder ein „artiges Mädchen, oder einen niedlichen Jun„gen auf seinem Wege antrift: er gleich mit „der

„der Bürde herunter ist, auch wol mit dem
„Saume dazu; verbult auf sie zuläuft, und
„troz seiner Eselhaftigkeit, den Liebhaber bei
„ihnen zu spielen, sich unterfängt? Er schmeißt
„sie ohne Umstände zu Boden, und ist rasch
„drüber her sein Lüstchen auf irgend eine Art
„an ihnen zu büßen. Er versucht's auch wol,
„sie zu küssen; doch was kann er anders mit
„seiner unflätigen Schnauze, als blaue Flete
„stoßen, oder beißen? Dabei ziehen wir den
„kürzern. – Das kam uns Zank und Streit zu-
„ziehn, und wir werden gewiß noch einmal
„deshalb in die Dinte kommen! Nur eben ward
„er noch ein junges Fräulein ansichtig. Wo-
„hin flog das Holz, das er trug? und bei ihr
„stand er in wilder Liebesglut! Behend hatt' er
„sie schon am schmuzigen Boden hingestrekt,
„und Angesichts aller Welt wollte er darauf.
„Wären nicht flugs auf ihr Heulen und Zetter-
„geschrei eine Menge Leute ihr zu Hülfe geeilt,
„und hätten sie ihm aus den Klauen gerissen;
„das arme erschrokene Kind wäre auf die aller-
„jämmerlichste Art um ihr Leben gekommen,
„und wir hätten davon die Verantwortung!„

Durch diese und ähnliche Lügen und Schand-
reden, die mich innerlich um so mehr krampf-
ten, da ich sie stumm und gleichsam beschämt
mit

mit anhören mußte — wiegelte der Bube die
Gemüther feiner Kammeraden dermaßen zu meinem Verderben auf; daß endlich Einer darunter anfieng:

„Ey, fo laßt uns doch den Allerwelts-Hu-
„rer, den Erzhörnermacher da, nach Verdienft
„belohnen! Weißt Du was, Bruder? Schlachte
„Du ihn ab! Seine Eingeweide gieb den Hun-
„den; das andere Fleifch laß für die Tagelöh-
„ner kochen.   Damit hat er feiner Sünden
„Sold! Die Haut wollen wir mit Afche austrok-
„nen, fie der Herrfchaft hineintragen, und der
„weiß machen: ein Wolf habe ihn erwürgt.„

Diefe Sentenz war was mein gottlofer
Kläger wünfchte.   Ungefäumt rüftete er fich
zur Execution und lief und wezte fein großes
Meffer.   Die Schadenfreude lachte ihm zu den
Augen heraus, als er dachte; daß er fich nun
für meine Huffchläge rächen könne, die leider!
zu meinem größten Leidwefen, ihre Abficht fo
fchlecht erfüllt hatten.

Inzwifchen ein anderer aus der ehrbaren
Knechteverfammlung nahm das Wort und
fprach:

„Nein, Brüder! das wäre unverantwort-
„lich, wenn wir den fchönen Efel da todt ma-
„chen, und feiner nothwendigen Dienfte uns
                                „darum

„barum berauben wollten, weil ihn bisweilen
„der Küzel sticht! Was Henker! wir dürfen ihn
„ja nur wallachen; so sind wir sicher genug,
„daß ihm ferner kein Lüstchen mehr anwandele,
„und wir von ihm künftig nicht das Geringste
„mehr zu fürchten haben. Er wird obenein
„dadurch noch ansehnlicher und fetter. O, ich
„weiß die Menge nicht allein solcher trägen
„Langohren, sondern selbst der muthigsten
„Pferde; die vorher gar unbändig sich geber-
„deten, und vor Brunst sich nicht zu lassen
„wußten! wann sie aber durch diese Schule
„gegangen waren: so zahm, so quem wurden;
„daß sie alles mit sich machen ließen, und
„gleich gut, es sei zum Tragen oder Ziehen,
„oder wozu sonst, zu gebrauchen waren! Wenn
„Ihr also sonst nichts darwider habt, und
„nur so lange warten wollt, bis ich hier in
„der Nähe zu Markte gewesen bin; so kann ich
„mir von Hause mein hierzu nöthiges Werk-
„zeug mitbringen, und Euch den verbulten Zei-
„sig da, mit ein paar Schnitte, auf ewig so
„kirre machen, wie ein Lamm.„

Hierdurch wäre ich freilich vom Tode gerettet gewesen; allein für welchen Preis!

Ich trauerte und weinte, als ob ich, nicht
einen Theil meiner selbst, sondern mein ganzes

Ich verlieren sollte. Endlich beschloß ich; entweder zu verhungern oder den Hals mir zu brechen; ich stürbe alsdenn zwar; doch stürbe ich wenigstens ganz.

Indem ich noch über meine Todesart unschlüssig nachsann, ward es Tag, und mein Hallunke kam wieder, wie gewöhnlich, mich nach dem Berge abzuholen.

Eben hatte er mich an einen starken Eichenzaken gebunden, und war etwas weiter hin gegangen, um das Holz zu fällen, das ich heim tragen sollte: Als auf einmal ein abscheulicher Bär aus der nächsten Höle brummend herauszottelte. So bald ich den sah, fuhr ich vor Furcht und Schrek zusammen, stellte mich auf die Hinterbeine, und gezerrt und gerükt bis die Halfter, womit ich angebunden war, abriß! Nun, fort, was das Zeug hält! Den Berg nicht etwa hinunter gelaufen; sondern gekollert, wie eine Kugel! Wiederaufgeraft, über die Ebene hingestoben, geflogen! So sehr strebt' ich, dem schreklichen Bären, samt meinem Treiber, der schlimmer noch war als ein Bär, zu entkommen!

Ein Wanderer, der mich so allein ankommen sah, fieng mich auf, schwang sich hurtig

tig auf mich, und haſt Du nicht geſehen! auf
mich losgepaukt; und quer Feld ein geſprengt!

Ich war froh, daß ich nur laufen durfte,
damit ich je weiter und weiter von den verma-
ledeiten Schweinſchneidern wegkam. Aus Prügeln macht' ich mir nichts mehr; ich war ihrer
endlich gewohnt.

Allein umſonſt war mein Eilen. Es ſollte
mir ſo gut nicht werden, mich zu verſtekken,
oder zu entwiſchen. Das mir feindſelige Glük
laurte im Hinterhalte.

Die Stutereiknechte hatten eine Ferſe verloren, und ſuchten und patrouillirten danach
in der Gegend umher. Von ohngefehr trafen
ſie auf uns; erkannten mich den Augenblik an
der Halfter wieder, und wollten ſich meiner
bemächtigen. Mein Reiter hatte Muth und
widerſezte ſich.

„Beim Element! — rief er — laßt mich!
„Was fallt Ihr mich an? Was ſoll die
„Gewalt?„

„Wir begegnen Dir, wie es Dir geziemt;
„Du biſt ein Dieb! — gaben ihm jene zur
„Antwort — Du haſt uns den Eſel geſtolen!
„und ſag gleich an, wo haſt Du den Treiber?
„was haſt Du mit ihm angefangen? Gewiß
„haſt Du ihn todt geſchlagen!„

Damit

Damit rissen sie ihn zu Boden, schlugen
ihn mit Fäusten, traten ihn mit Füßen, er
mochte noch so sehr Stein und Bein schwören,
daß er den Treiber mit keinem Auge gesehen,
und mich, da ich ganz frei und allein gelaufen
gekommen, nur der Belohnung wegen, die er
dafür vom Eigner zu erhalten gehoft, aufge-
fangen hätte.

„Wollte Gott — sprach er —, der Esel
„könnte reden! Er würde meine Unschuld be-
„zeugen; und Ihr solltet Euch schon für diese
„Behandlung hinter den Ohren krazen!„

Allein, das half alles nichts! Die Knechte
waren ungläubig. Sie legten ihm einen Strik
um den Hals und schlepten ihn mit nach dem
Busche, wo der Bursche zu holzen pflegte. Er
war nirgends zu finden! wol aber sah man
hin und wieder verstreuete Glieder seines zer-
rissenen Leibes. Mir war es ausser allem Zweifel, daß der Bär das Stük Arbeit verrichtet;
und traun! ich hätte gern gesagt, was ich
wußte, wenn ich nur hätte reden können. Inzwischen, da das nicht angieng, that ich, was
ich konnte: Ich frolokte im Grunde des Herzens über meine endliche Rache.

Nach und nach wurden alle zerstreuete Theile
des Leichnams zusammen gefunden. Man
                                        sezte

sezte sie soviel, als es sich thun ließ, wieder aneinander, und verscharrte sie an demselben Orte.

Meinen armen Bellerophon aber, hielten nunmehr die Knechte für einen unstreitigen, überführten Dieb und Mörder; und führten ihn vor der Hand gebunden nach der Stuterei. Mit Anbruch des folgenden Tags aber — sagten sie — sollt' er zum Richter gebracht und seiner verdienten Strafe ausgeliefert werden.

Eben waren die Anverwandten des Burschen im besten Weinen und Wehklagen um seinen Tod; siehe da kam richtig mein Herr Schweinschneider anspaziert, um an mir seine Operation zu verrichten. Allein es ward ihm gesagt: „Alleweile läge die Sache ihnen nicht „am Herzen; er möchte morgen wiederkom„men! da könnte er den verdammten Esel, an„statt ihn zu kastriren, auch wol gar erwür„gen; sie wollten ihm alle dabei helfen!„

Solchergestalt ward meine Verschneidung bis auf den andern Tag verschoben. Wie aus Herzens Fülle dankt' ich da nicht dem armen seligen Jungen, für diese Galgenfrist, die er mir durch seinen Tod erworben! Meine Freude aber währte sehr kurz.

Die

Die Mutter des Burschen, ganz untröst-
lich über desselben Verlust, kam in völliger
Traur zu mir in den Stall geheult und geschrien;
riß sich mit beiden Händen ihre graue, mit
Asche bedekte Haare aus; zerschlug und zer-
kratzte sich die welken Brüste, und rief:

„Und die infame Bestie hier soll so ruhig
„stehen, die Nase in die Krippe hangen, und
„nur für Ausfüllung seines bodenlosen Wan-
„stes besorgt sein? Nicht achten meines Jam-
„mers? Nicht gedenken des schreklichen Unglüks
„seines Führers? Soll wol gar meines Alters,
„meiner Schwäche noch spotten, und für seine
„Feigheit leer auszugehen glauben? Ja, sich
„unschuldig dünken, sich dem bösesten Gewis-
„sen zum Troz — wie's alle Bösewichter ma-
„chen — weiß brennen? Nein, bei allen Göt-
„tern! Du schändliches Vieh, Du könntest die
„beredtste Zunge erborgen, und würdest nicht
„einmal ein Kind von Deiner Unschuld überzeugen! Könntest Du nicht mit Beißen, konn-
„test Du nicht mit Hufschlägen den armen
„Jungen schützen? Ja, wie er noch lebte, da
„mochtest Du wol Deine Hufe gegen ihn selbst
„spielen lassen; aber sie zu seiner Vertheidi-
„gung gebrauchen — das konntest Du nicht!
                              „Hättest

„Hätteſt Du ihn wenigſtens nur auf den Rüken
„genommen, und wäreſt mit ihm davon ge-
„rannt, und hätteſt ihn alſo aus den Händen
„des blutdürſtigen Banditen gerettet! Aber,
„ſo Deinen Bruder, Deinen Meiſter, Deinen
„Gefährten, Deinen Pflegevater im Stiche zu
„laſſen, und allein davon zu laufen? Du
„mußt nicht wiſſen, daß diejenigen, welche
„einem, der ſich in Lebensgefahr befindet, Hülfe
„verſagen, wie Todtſchläger behandelt werden,
„weil es in der That bübiſch iſt! Allein Du
„ſollſt Dich meines Verluſts nicht länger er-
„freun, Mörder! Du ſollſt gleich fühlen, wie
„der Schmerz ſelbſt den abgelebten Unglüklichen
„Jugendkräfte verleihet!„

Mit den Worten machte ſie ſich die Hände
frei; band ſich ihren Gürtel ab; und knüpfte
und ſchnürte mir damit die Beine dicht und
feſt zuſammen; ſo daß ich keines nur regen
konnte, je geſchweige ausſchlagen: Und nun
ergrif ſie den Baum, womit die Stallthüre zu-
geſtämmt wurde, und hörte auch nicht auf,
mich damit zu bläuen, bevor ſie nicht alle
Kräfte verließen, und der Bläuel, vermöge
ſeiner eignen Schwere, ihr aus den Händen ſank.

Böſe

Böse, daß die Arme ihr so bald versagten,
lief sie zum Feuerherde, holte einen lebendigen
Feuerbrand, und begann mein Gemächt zu
braten. In der äußersten Noth wußt' ich mir
nicht anders zu helfen, als ich sprizte hinten-
heraus ihr dermaßen ins Gesicht; daß sie kein
Auge mehr aufthun, noch vor Gestank bleiben
konnte; und ich also das Verderben von mir
abwendete: sonst wär ich armes Eselein wirklich, gleich dem Meleager durch den Feuerbrand der rasenden Althäa, um's Leben gekommen.

Der.

Der Goldne Esel.

Achtes Buch.

Gegen das Hahnengeschrei kam ein Bursche aus der Stadt; ich hielt ihn für Einen von den Leuten Charitens, der Dame welche mit mir bei den Räubern gleiches Trübsal erlitten hatte. Er sezte sich zu den Knechten ans Feuer, und erzelte denselben folgende wunderbare und traurige Geschichte von ihrem Tode, und dem Unglüke ihrer ganzen Familie.

„Ihr Hüter der Pferde, Schafe, und „Rinder, — hub er an — die unglükliche „Charite ist nicht mehr! Ein schreklicher Zufall „hat sie uns entrissen! Doch ist sie nicht ohne „Geleite von hinnen gegangen. Aber Ihr „müßt alles wissen! Ich will die ganze Be- „gebenheit von Anfang erzelen; sie wäre werth, „von gelehrten Händen niedergeschrieben, und „für die Nachwelt aufbehalten zu werden.

„In der Stadt war ein junger Ritter von „sehr edler Abkunft und großem Vermögen, „mit Namen Thrasyll. Schmausen, bulen, ze-

C 5 „chen

„chen, war sein Geschäft; Jauner seine Gesell-
„schaft; und Menschenblut hatte schon mehr-
„mal seine Hände beflekt.   So wahr dies al-
„les, so bekannt war es auch. Gleichwol war
„er einer der Eifrigsten, die sich um Charitens
„Hand bewarben, als diese mannbar worden.

„Von allen Mitbewerbern der Vornehmste
„von Geburt, suchte er noch durch sehr an-
„sehnliche Geschenke die Eltern für sich einzu-
„nehmen; doch umsonst! Seine schlechte Auf-
„führung überwog, und er hatte den Schimpf,
„einen Korb zu bekommen.

„Charite ward dem Tlepolem zugestanden.

„Thrasyll ließ darum seine Leidenschaft für
„sie, so hofnungslos sie auch war, nicht fah-
„ren; sondern ernährte dieselbe zugleich mit
„dem Unwillen über die erlittene Verschmä-
„hung; und suchte nur durch eine blutige
„That, seine Rache und Liebe zu vergnügen.
„Eine günstige Gelegenheit bot sich ihm dazu
„dar, und er ließ sie nicht ungenutzt vor-
„bei gehen.

„An dem Tage, als Charite durch die List
„und Tapferkeit ihres Bräutigams glüklich aus
„den Händen der Räuber befreiet worden war;
„kam er, unter die Menge der Gratulanten
„gemischt, und that außer sich vor Freuden
„über

„über ihre gegenwärtige Erhaltung und über
„das drauferfolgende Beilager, aus dem, wie
„er sagte, nothwendig die allerglänzendste Nach-
„kommenschaft erspriessen müßte.

„Er ward von der Zeit an, besonders
„um seiner Familie willen, unter die vorzüg-
„lichsten Gastfreunde unsres Hauses aufgenom-
„men. Weislich verbarg er seine heimliche
„Tücke, und spielte den Herzensfreund in größ-
„ter Vollkommenheit. Durch seine Gespräche,
„durch häufige Besuche, durch einstweilige Ge-
„sellschaft bei der Malzeit, beim Weine, wußt'
„er sich täglich je mehr und mehr beliebt zu ma-
„chen. Jedoch versank er darüber unversehens
„selbst in dem tiefsten Abgrund der Liebe; und
„ganz natürlich! Denn der erste Funke der Lie-
„be ist klein und erwärmt angenehm das Herz;
„aber wenn er durch den Umgang angefacht
„wird, so lodert er in Flammen auf, die end-
„lich in wilder Glut unser ganzes Wesen ver-
„zehren.

„Thrasyll dachte also lange bei sich selbst
„nach, wie er sich Chariten heimlich entdeken
„könnte? Allein, wie ihr anzukommen, da sie
„beständig von Leuten umgeben und bewacht
„war? Wie es zu wagen, ihr von seiner Liebe
„vorzureden, da ihre Neigung zu ihrem Ge-
„male

„male im erſten Wachsthume war, und mit
„jedem Tage ſtärker wurde? Ja, fänd' er —
„welches doch im mindeſten nicht wahrſchein-
„lich — fänd' er auch Gehör bei Chariten;
„ihre jungfräuliche Unerfahrenheit würde dem
„Manne ſogleich ihre verſtohlne Liebe verrathen.

„Doch alle dieſe unüberwindliche Schwie-
„rigkeiten ſchrekten ihn nicht ab. Einer ſo hef-
„tigen Leidenſchaft, als die ſeinige, dünkte
„nichts unmöglich. Hört, ich bitte Euch,
„hört mit bekümmerten Herzen, welch einen
„entſezlichen Weg ſeine raſende Liebe einſchlug!

„Eines Tags nahm ihn Tlepolem mit ſich,
„als er Wild zu jagen ausgieng; wofern man
„anders Rehe Wild nennen kann; denn andere
„mit Hauern oder Hörnern bewehrte Thiere ließ
„Charite, aus Beſorgniß, ihren Gemal nicht
„aufſuchen. Schon war der Hang eines dicht
„mit Wald bewachſenen Hügels mit Nezen um-
„ſtellt; und die Jäger giengen aufn Anſtand.
„Man ließ die Spürhunde los, das im Lager
„liegende Wildpret aufzutreiben. Straks ver-
„theilten ſich dieſe allenthalben durch das Di-
„ficht, und wolabgerichtet wie ſie waren, jag-
„ten ſie mit heimlichem Gekläf, bis ſie Witte-
„rung aufnahmen. Nun wurden ſie laut, daß
„weit

„weit umher der ganze Forſt vom heftigſten
„Gebell erſcholl.

„Kein flüchtiges Reh ſtand vor ihnen auf,
„kein ſchüchtern Damthier, keine vor andern
„Thieren zahme Hindin: Aber ein gewaltiger
„Keuler, den man noch nie da geſehen hatte.
„Seine hangende Wamme dik mit Kothe ge-
„panzert; gleich einem Bären über und über zot-
„tig; hoch die Borſten des Rükens geſträubt:
„ſchäumt' er vor Wut, fletſchte die Zähne, und
„drohete Gefahr aus feuerflammenden Augen.
„Wie ein Blizſtral fährt er unter die Hunde,
„die ſich ihm am kühnſten genahet, hauet rechts,
„links um ſich her mit ſeinen gekrümmten Ge-
„wehren: und ſie liegen todt am Boden ge-
„ſtrekt. Nun rennt' er gerade gegen das Zeug
„an, ſtürzt' es im erſten Anlauf nieder, und
„davon, ins Freie!

„Wir alle waren ſchier verſcheucht. Kei-
„ner andern, als gefahrloſer Jagden gewohnt;
„und noch dazu ohne Waffen ohne Schuz: ſto-
„ben wir auseinander und verkrochen uns ſo
„gut wir nur konnten hinter Geſträuchen und
„Bäumen. Allein dem Thraſyll dünkte dies
„die ſchönſte Gelegenheit zur Ausübung hinter-
„liſtiger Anſchläge;

„Ey!

„Ey! — rief er dem Tlepolem zu — wie
„werden uns doch nicht die Schande anthun,
„und, gleich den feigen Memmen da, vor
„Furcht und Schrek eine so fette Beute uns
„entwischen lassen? Unsre Pferde her! Wir
„müssen nach! Nimm Du einen Jagdspieß, ich
„nehme eine Lanze.„

„Gesagt, gethan. Sie sizen zu Pferde
„und sprengen hinter den Eber her. Dieser,
„seiner angebornen Stärke eingedenk, stand,
„und schien in weilender Wut zu überlegen,
„welcher von beiden seinen mörderischen Zahn
„zuerst empfinden sollte?

„Tlepolem flog vorauf und schoß mit sei-
„nem Jagdspieße den Eber in den Rüken. Un-
„terdessen richtet mein Thrasyll seine Lanze, an-
„statt nach dem Keiler, nach dem Pferde des
„Tlepolems, und schneidet demselben die Hef-
„sen ab. Das Pferd sank sogleich, als es
„sich verwundet fühlte, mit dem Hintertheile
„nieder, und warf wider Willen seinen Reiter
„ab. Wie dieser fiel, saß der Eber auf ihm,
„und zerfezte erstlich seine Kleider; als er aber
„aufstand, ihn selbst auf das jämmerlichste.

„Nun freuete der Busenfreund sich der ge-
„lungenen Tüke, und hütete sich wol, sich von
„der großen Gefahr zum Mitleiden rühren zu
„lassen!

„laſſen! Vielmehr, indem der arme Tlepolem
„in Todesangſt ſich vor den Wunden zu deken
„ſucht, und erbärmlich um Hülfe ihn anruft:
„rennt er ihm ſeinen Spieß durch die rechte
„Hüfte; damit er ja auf der Stelle bliebe. Er
„that's mit aller Zuverſicht, da er wußte,
„daß dieſe Wunde von den Hieben des Ebers
„nicht zu unterſcheiden ſein würde. Darauf
„nahm er es mit dem Schweine auf, und nach-
„dem er es mit leichter Mühe erlegt, rief er
„uns alleſamt aus unſern Schlupfwinkeln her-
„vor, und verkündigte uns den Tod unſers
„armen Herrn. In größter Beſtürzung und
„Betrübniß liefen wir hinzu.

„Thraſyll, ohnerachtet er ſich in ſeinem
„Herzen freuete, daß er glüklich den Mord voll-
„bracht, den er ſich angelobt, wußte dennoch
„ſeine Freude zu verſtellen, und eine ernſte, be-
„trübte Mine anzunehmen. Er warf ſich auf
„die Leiche hin, die er ſelbſt gemacht hatte,
„und umarmte ſie brünſtigſt; unterließ nichts
„was der erſte heftige Schmerz zu thun pflegt:
„Nur weinen, das konnt' er nicht!

„Da er in ſeinem erdichteten Leide, der
„Warheit des unſrigen ſo ganz gleich kam;
„ſo ließ ſich niemand einfallen, ihn wegen des
„Mordes in Verdacht zu haben; und wir glaub-
„ten

„ten ihm auf sein Wort, daß der Eber unsern „Herrn erschlagen habe.

„Kaum war dies Unglük geschehen, so „trug das Gerücht auch schon die traurige „Nachricht davon nach Tlepolems Wohnung, „zu den Ohren seiner unglüklichen Gattin.

„Sobald diese die entsezliche Nachricht ver- „nommen, fährt sie halbsinnlos in wilder Hast „auf, stürzt wie eine Rasende vollen Laufs „durch die volkreichen Gassen, läuft quer Feld „ein, lautschreiend über das Unglük ihres Man- „nes. Schaarenweise und traurig strömen die „Leute hinter sie her. Wer ihnen begegnet, „gesellet sich und seinen Schmerz zu ihnen. Die „ganze Stadt wird darüber leer.

„Bereits war man zum Orte gelangt, wo „Tlepolems Leichnam lag. Mit scheidender „Seele sank Charite auf denselben nieder; und „wollte da das Leben aufgeben, das sie ihrem „Tlepolem ganz geweiht. Mit Noth ward „sie noch von den Ihrigen hinweggerissen, und „wider Willen beim Leben erhalten.

„Man nahm die Leiche auf und brachte sie „im Geleite des ganzen Volks nach dem Be- „gräbniß.

„Da hättet Ihr den Thrasyll sehen sollen, „wie überlaut er schrie, wie er sich zerschlug! „Die

„Die Thränen, die ihm bei Bezeugung der er-
„sten Betrübniß versagt waren, die flossen ihm
„nun; vermuthlich vor immer zunehmender
„Freude. Allerlei Namen der Liebe wurden von
„ihm verschwendet, die Warheit zu hinterge-
„hen.   Unter dem kläglichsten Leidwesen rief
„er beständig:

„O mein Tlepolem! mein Freund! mein
„Gespiele! mein Kammerad! mein Bruder!

„Ja, zuweilen fiel er Chariten in die Ar-
„me, und hielt sie ab, sich den Busen zu zer-
„schlagen; beschwor sie, ihre Trauer zu mä-
„ßigen und nicht so zu weinen; suchte durch
„liebreiches Zureden den Stachel des Schmer-
„zes zu stumpfen, und sie durch allerlei her-
„beigezogene Beispiele ähnlicher Zufälle zu trö-
„sten.   Dabei vergaß er nicht, unterm Scheine
„der innigsten Theilnehmung an ihrem Verluste,
„das schöne Weib aufs vertraulichste zu lieb-
„kosen, und seiner häßlichen Leidenschaft durch
„diese ungebührliche Lust Nahrung zu geben.

„Allein, nach vollbrachtem Leichenbegäng-
„nisse wünschte die junge Wittwe nichts sehn-
„licher, als ihrem Manne recht bald nachzu-
„folgen.   Sie bedachte bei sich alle Mittel
„dazu, und wälte endlich jenes sanfte, geru-
„hige, das keines Gewehrs bedarf,   sondern

II. Theil.   D   „dem

„dem stillen Schlafe ähnlich ist: — das Er-
„hungern.

　„Bleich, verfallen, sich gänzlich vernach-
„läßigend, saß sie hin in tiefer Finsterniß, und
„hatte schon abgerechnet mit dem Leben. Doch
„Thrasyll ruhete nicht. Mit den dringendsten
„Bitten stürmt' er auf sie ein; lag unabläßig
„durch ihre Freunde, durch ihre Eltern sie an:
„Sie mußte nachgeben, und ihren vor Mat-
„tigkeit, Todtenblässe und Vernachläßigung
„entstellten Körper, durch Bad und Speise
„wieder erquiken. Sie that's, aus Ehrfurcht
„für ihre Eltern; machte aus Noth eine Tu-
„gend, und unterzog sich, — zwar nicht mit
„fröhlichem, jedoch mit heiterm Gesichte, —
„den Verrichtungen der Lebendigen so wie man
„es verlangte. Allein in ihrem Innern nagte
„Harm und Betrübniß ihr beständig am Le-
„ben. Tag und Nacht hieng sie der zärtlichsten
„Sehnsucht unter unaufhörlichen Thränen nach.
„Ja, sie hatte ihren Verstorbenen unter der
„Gestalt des Bacchus gebildet; und stets stand
„sie vor ihm, und erwieß ihm göttliche Ver-
„ehrung: das war ihr einziger schmerzlicher
„Trost!

　„Thrasyll konnte es nicht erwarten, daß
„sich ihr Schmerz ausgeweint, der Sturm ih-

„rer

„rer Seele gelegt, und die höchſte Betrübniß
„durch die Länge der Zeit ſich verloren hätte.
„Aus Uebereilung und Unbeſonnenheit ſtand er
„nicht an, ſich ihr zur Ehe anzutragen, da
„ſie noch ihren Gemal beweinte, noch ihre Klei-
„der zerriß, noch ſich die Haare zerraufte. Der
„einfältige Schritt dekte alle Geheimniſſe ſeines
„Herzens auf, und verrieth ſein heilloſes Spiel.

„Charite ſchauderte mit Abſcheu zurük vor
„dem ſchändlichen Antrag; und nicht anders
„als ob die Peſt ſie angehauchet, oder der
„Stral des Jupiters getroffen hätte; ſank ſie ohn-
„mächtig nieder und vergiengen ihr die Sinne.
„Nach einer Weile kam ſie zwar wieder zu ſich
„ſelbſt, und erhob ihr jämmerliches Klagge-
„ſchrei von neuem: indeſſen, die Augen waren
„ihr nun über den abſcheulichen Thraſyll auf-
„gegangen.

„Sie ertheilt' ihm zur Antwort: Sie
„könne ſich nicht ſogleich erklären; ſie müſſe
„die Sach: erſt reiflicher überlegen.

„Mittlerweile erſchien der Schatten des
„grauſam ermordeten Tlepolems, dem tu-
„gendhaften Weibe im Traume. Von Blut
„und Todtenbläſſe war ſein Antliz entſtellt:

„Du meine Gattin! — ſprach er zu ihr
„— wenn mein Andenken Deinem Herzen werth

„bleibt,

„bleibt, wird nie ein Anderer also Dich nennen
„dürfen! doch, hat mein unglükseliger Tod
„den Bund unsrer Liebe zerrissen: so lebe glük-
„lich mit jeglichem Andern; nur dem gottlosen
„Thrasyll gieb Deine Hand nicht! Er sei ewig
„von Deinem Gespräche, von Deinem Gast-
„male, von Deinem Bette verbannt! Fliehe
„seine blutige Rechte! Hochzeit mit ihm, wäre
„Todtschlag; Denn er ist mein Mörder! Die
„Wunden die Deine Thränen gebadet, waren
„nicht alle, mir vom Eber geschlagene Wun-
„den! Ach! allein die Lanze Thrasyllens hat
„uns von einander getrennet!

„Er fügte alles übrige hinzu, und ent-
„dekte die Schandthat ganz umständlich. Cha-
„rite, die unter Betrübniß, das Gesicht ins
„Küssen gedrükt, eingeschlummert war, und
„selbst im Schlafe noch ihre schönen Wangen
„mit Thränen nezte; fuhr wie von einem Ge-
„schüz erwekt, aus dem rastlosen Schlummer
„auf; erneuete ihre Klagen, wimmerte und
„schluchste; zerriß ihr Gewand, und zerkrazte
„mit wüthenden Händen ihre schöne Arme.
„Dennoch vertrauete sie niemanden die nächt-
„liche Erscheinung; noch that sie, als ob ihr
„irgend etwas von der Ermordung ihres Man-
„nes entdekt worden: Aber stillschweigends be-
                                        „schloß

„ſchloß ſie bei ſich: erſt den verhaßten Mörder
„zu ſtrafen; und dann ſich ſelbſt vom jammer-
„vollen Leben zu befreien.

„Siehe, der ſchamloſe Freier ſtellte ſich
„wieder ein; und lag ihr ohne Unterlaß mit
„ſeinem Antrage — wovon ihre Seele nichts
„wiſſen mochte — in den Ohren. Was ſagte
„er nicht, ihr Herz mit Liebe zu beſtechen!
„Wie bat und ſlehete er nicht in weichem
„Tone!

„Sie verlarvte ſich mit Liſt; hörte ihn
„leutſelig an, und gab ihm zur Antwort:
„Noch ſchwebt Ihres Freundes, meines theu-
„ren Gemals reizendes Bild mir beſtändig vor
„Augen; Noch ſchallt in meinen Ohren der
„liebliche Klang ſeiner Stimme; Noch lebt mein
„Tlepolem ganz in dieſem Herzen: Wollen Sie
„denn ſeine betrübte Wittwe nicht wenigſtens
„das von den Geſezen beſtimmte Traurjahr
„abwarten laſſen? Meinerſeits erfodert dies
„der Wolſtand eben ſo ſehr, als Ihrerſeits die
„Sorge für Ihre Sicherheit; Denn durch un-
„ſere zu frühe Verbindung würde mein ſeliger
„Mann im Grabe zum Unwillen gereizt wer-
„den, und Sie, Thraſyll, würden es dann
„mit dem Leben entgelten müſſen.„

D 3   „Thra-

10

„Thrafyll, dem nichts von Arglift schwant,
„begnügte sich mit dieser erhaltnen Hofnung
„noch nicht; sondern fuhr ohne Schonung fort,
„Charitens Widerstand bei jeder Gelegenheit
„mit der süßesten Beredsamkeit zu bestürmen.

„Endlich stellt sie sich überwunden, und
„spricht zu ihm: Alles, was ich thun kann,
„geliebter Thrafyll, ist dies Einzige: daß wir
„bis zur Vollendung des Traurjahrs, in ge-
„heimer Vertraulichkeit mit einander leben. Al-
„lein es muß aufs sorgfältigste vor unsren
„Freunden verborgen bleiben!„

„Dieser trügerische Vorschlag verfieng.
„Thrafyll willigt mit tausend Freuden in das
„geheime Verständniß, und hätte gewünscht,
„es wäre schon Nacht, damit nichts mehr sei-
„nem Glüke entgegen stände.

„So komm denn, Geliebter, sprach Cha-
„rite, — komm mit einbrechender Nacht leise
„an meine Hausthüre; aber wol vermummt,
„und sonder Begleitung! Du darfst Einmal nur
„pfeifen; meine Amme soll Dein mit dem Ohre
„am Schlüsselloche warten. Sie wird unver-
„züglich Dich einlassen, und im Dunkeln nach
„meiner Kammer führen, daß Dich niemand
„siehet. „

„Thra-

„Thrasyll war entzükt über diese Anord-
„nung der Hochzeit, die ach! so schreklich ab-
„laufen sollte. Kein Verdacht kam ihm in
„den Sinn. Von Ungeduld gequält, seufzt'
„er nur über des Tages trägen Gang, über
„den tödtlichen Verzug der Nacht.

„Als endlich seinem sehnlichen Verlangen
„die Sonne untergegangen war, und die nächt-
„lichen Schatten herrschten: So vermummt
„er sich, wie es ihn Charite geheißen; stellt
„an der Thüre sich ein; folgt der Amme —
„die bereits auf ihn mit Schadenfreude lauschte
„— stillschweigends mit leisem Tritte nach,
„und schlüpft, voll der süßesten Hofnung, in
„Charitens Schlafgemach.

„Den Befehlen ihrer Gebieterin treu, thut
„die Alte mit ihm sehr freundlich und heftet
„ihm auf: Ihre Frau sei nur noch bei ihrem
„kranken Vater; sie werde aber augenbliklich
„kommen. Unterdessen reicht sie ihm ein Glas
„Wein nach dem andern, worin sie heimlich
„einen Schlaftrunk gemischt hatte. Thrasyll
„nichts Böses gewärtig, trinkt, seine Unge-
„duld zu täuschen, so hastig hinein, daß er
„nur allzubald im härtsten Schlafe begraben,
„jeglicher Schmach bloß gegeben, da liegt.
„Nun wird Charite gerufen.

„In

„In wilder Hize stürzt sie herbei; hängt
„mit männlichem Troz über den Meuchelmör-
„der hin, und ruft: „Ha! bist Du da, Du
„treuer Gefährte meines Gemals! Du trefli-
„cher Waidmann! Du zärtlicher Liebhaber! Ist
„das die Faust, die das Blut meines Herzens
„versprizt hat? sind das die Augen, denen ich
„zu meinem Unglük gefallen habe? Ha, sie
„ahnden schon die Finsterniß, die hinfort sie
„deken wird, und kommen der Strafe zuvor!
„Ruhe sanft! Träume süß! Kein Dolch, kein
„Schwerdt soll Dich verlezen! Fern sei's von
„mir, durch ähnliche Todesart Dich meinem
„Gemale gleich zu stellen! Leben sollst Du;
„aber Deine Augen sollen ersterben, und nur
„im Schlafe sollst Du künftighin sehen. Ich
„will machen, daß Du den Tod Deines Fein-
„des glükseliger preisen sollst, als Dein Leben.
„Wenigstens wirst Du das Licht nicht wieder
„schauen, und nur an fremder Hand hinführo
„Dich leiten. Du wirst Chariten nicht um-
„fangen; nicht mit ihr der hochzeitlichen Freu-
„den genießen! Wirst weder die Ruhe des To-
„des noch die Wonne des Lebens schmeken!
„Als ein elendes Scheusal wirst Du zwischen
„Himmel und Hölle umherwanken; wirst lange
„nach der Hand forschen, die Dich des Ge-
„sichts

„ſichts beraubt hat, und zum Uebermaas des
„Unglüks, nicht einmal wiſſen, über wen Du
„zu klagen haſt: Unterdeſſen Ich am Grabe
„meines Tlepolems ſtehen, und das Blut
„Deiner Augen ausgießen werde; ein Opfer
„ſeinem ſeligen Geiſte! Aber was zögere ich?
„was verweile ich Deine Strafe einen Augen-
„blik, in dem Du Dich vielleicht noch glük-
„lich in meinen Armen träumſt? So erwache
„denn aus den Finſterniſſen des Schlafs, zu
„andern ewigen Finſterniſſen! Schlage Deine
„leere Augenlider auf; erkenne meine Rache;
„fühle Dein Unglük; und überdenke Dein Elend!
„Siehe! alſo gefallen Deine Augen einem tu-
„gendhaften Weibe! alſo erleuchten die Hoch-
„zeitfakeln Deine Brautkammer! Merk auf!
„Die Furien ſind Brautführerinnen; Blind-
„heit iſt Dein Geleite; und ewignagendes Ge-
„wiſſen breitet Dir die Arme entgegen!„

„Nachdem ſie alſo in wüthiger Begeiſte-
„rung dem Thraſyll ſein künftiges Schikſal
„geweißſaget; nimmt ſie eine Haarnadel vom
„Kopfe, und ſticht ihm die Augen aus.

„Schier entfliegen dieſem, Schlaf und
„Rauſch vor dem unbekannten Schmerz.

„Sie aber reißt das Schwerdt aus der
„Scheide, womit ihr Tlepolem ſich zu umgür-

D 5 „ten

„ten pflegte, und im Vorsaze irgend einer
„schreklichen That läuft sie wild mitten durch
„die Stadt, gerades Wegs zu dem Grabmale
„ihres Gemals hin.

„Wir andern und das ganze Volk, lassen
„die Häuser leer stehen, und in vollem Laufe
„hinter sie her! und Einer den Andern ermahnt,
„das Schwerdt ihr aus den Händen zu
„winden!

„Neben der Gruft des Tlepolem blieb sie
„stehen, mit dem blanken Schwerdte einen jeg-
„lichen von sich abhaltend; und wie sie sah,
„daß alles um sie weine und lamentire, sprach
„sie:

„Troknet diese unzeitige Thränen; stellet
„diese Klagen ein: sie entehren meinen Mut!
„Ich habe mich gerächt an dem Meuchelmör-
„der meines Gemals; habe meinen schandba-
„ren Freier gestraft: Anizt ist es Zeit, daß
„dies Schwerdt mir den Weg zu meinem Tle-
„polem bahne!„

„Als sie darauf alles nach der Ordnung
„erzehlet, was ihr Gemal ihr im Traume ent-
„dekt hatte; und wie sie den Thrasyll durch
„List gefangen: Stieß sie sich das Eisen durch
„die rechte Brust; sank zur Erde, und hauchte,
„sich in ihrem Blute wälzend, und unver-
                                        „nehm-

„nehmliche Worte stammelnd, ihre männliche
„edle Seele aus.

„Die Freunde nahmen alsbald den Leich-
„nam der Unglüklichen auf, wuschen ihn ab,
„und legten ihn zu dem Tlepolem ins Grab.
„Beide Gatten sind also auf ewig vereint!

„Wie dies Thrasyll vernahm, wußte er
„nicht, wie er genugsam für alles angerichtete
„Unglük büßen sollte. Mit dem Schwerdte
„sich das Leben nehmen, dünkt' ihm ein viel
„zu leichter Tod. Er ließ sich in Tlepolems
„und Charitens Gruft bringen. Allda schrie
„er zu wiederholten Malen überlaut:

„Empfangt hier, Ihr Geister, die ich be-
„leidiget; empfangt Euer freiwilliges Opfer!„

„Drauf schloß er fest die Thüren des
„Grabmals hinter sich zu, und ließ sich, nach
„eigenmächtig über sich gefälltem Urtheile,
„Hungers sterben.„

Also erzehlte der Bediente aus der Stadt
unter langen Seufzern und öftern Thränen,
den Stuterei-Knechten; die ihm insgesamt mit
der größten Rührung zuhörten. Sie beklagten sehr das Unglük ihrer gewesenen Herrschaft,
beschlossen aber endlich, aus Furcht vor der
zukünftigen, davon zu laufen.

Der

Der Gestütmeister, dem meine Pflege so eiferig war anbefohlen worden, stahl alles rein weg, was nur von einigem Werthe im Hause war, pakte es mir und noch anderen Thieren auf, und so wanderte er fort aus der alten Herberge. Wir trugen Weiber und kleine Kinder; trugen Hüner, und Gänse; junge Ziegen und junge Hunde; Kurz, alles was nicht geschwind genug fortgekonnt, und also die Flucht verweilt hätte; mußte mit unsern Füßen laufen. So überschwer auch die Last war, die mir zu Theile geworden; so fühlte ich sie doch kaum; weil ich mit Freuden vor dem grausamen Räuber meiner Mannheit floh.

Wir hatten einen rauhen, waldigen Berg überstiegen, und schon ein ganz Stük Wegs in der Ebene zurük gelegt; als es dämmerig ward, und wir zu einer volkreichen, wolhabenden Burg kamen. Die Einwohner warnten uns, weder in der Nacht, noch des Morgens in der Frühe weiter zu gehen. Sie sagten, es gäbe in der Gegend eine abscheuliche Menge großer, starker, reißender Wölfe, die alles anfielen, und so gar, wie Räuber, den Reisenden an der Straße auflauerten; ja, izt triebe sie der Hunger schon so weit, daß sie in die benachbarten Dörfer einbrächen, und der.

Men-

Menschen so wenig, als des Viehes schonten.
Auf dem Wege, den wir zu passiren hätten,
läge mancher halbverzehrter Leichnam, manches abgenagte Gerippe. Wir sollten uns also
ja vorsehen! Das Beste, was wir thun könnten, wäre; daß wir uns erst am hellen lichten
Tage, wann die Sonne schon hoch stünde,
wieder auf den Weg begäben; denn das Licht
mache die Thiere doch etwas schüchtern. Inzwischen müßten wir immer vor unvermuthe-
ten Ueberfällen auf der Hut sein, und nicht ein-
zeln zerstreut, sondern in Einem dichten Haufen beisammen marschiren; sonst könne es uns
dennoch übelgehen.

Allein unsre Führer kümmerten sich viel um
diese heilsame Warnung! Die Schelme furch-
ten weiter nichts als das Nachsezen und suchten nur ihre heimliche Flucht bestens zu beschleunigen. Sie warteten nicht einmal bis es
hell ward, sondern gleich nach Mitternacht trieben sie uns mit unsrer Ladung wieder aus.

Ich, der ich mir die bedrohte Gefahr
fein hinter die Ohren geschrieben, ich stieß und
drängte was ich wußt' und konnte, damit ich
nur mitten unter den andern Eseln und Pferden zu gehen kam, und meinen Hintern vor
den Anfällen der reisenden Wölfe deckte. Wie
frisch

frifch könnt' ich nicht laufen! Um nicht hinten
zu bleiben, fchritt' ich dermaßen zu, daß fich
jedermann über meine Schnelligkeit verwun-
derte.   Furcht beflügelte mich, wie einft den
Pegafus; denn der ehrliche Gaul hat zuver-
läßig feine Flügel auch nur der Feigheit zu danken! Er furchte fich vor den Biffen der feuer-
fpeienden Chimära, und that Säze bis an den
Himmel; Da fagte man, er feie befchwingt!

    Indeffen waren unfre Treiber, wie zum
Treffen gerüftet.   Der Eine fchwang eine Lanze, der Andere einen Jagd-, der Dritte einen
Wurf-Spieß; der Vierte einen Knüttel. Andere trugen Steine, woran es überhaupt in
der felfigten Gegend nicht fehlte.   Noch andere
führten fpize Zaunpfäle.   Die Mehreften aber
fuchten durch brennende Fakeln dem Feinde
Schrefen einzujagen.   Es fehlte an weiter
nichts, als an der Trompete, fo war das
Kriegsheer fertig.

    Jedoch unfere Furcht war vergeblich.   Es
traf uns aber ein anderer Unfall.

    Die Wölfe, entweder vom Gelerme der
gedrängt einhermarfchirenden Schaar, oder
vom hellen Glanze der Fakeln verfcheucht; oder
auch anderwärts ftreifend: fielen uns nicht
allein nicht an; fondern ließen fich auch nicht
                                            ein-

einmal in der Ferne bliken. Allein die Bauern
in einem Dorfe vor dem wir nahe vorbeizogen,
hielten uns, unsrer Menge wegen, für Räuber, geriethen deshalb in große Bestürzung
und hezten uns ihre ungeheure grimmige Hunde — ärger noch als Wölfe und Bäre — die
sie zur Sicherheit hatten, mit lautem heftigem
Geschrei auf den Hals. Die Bestien, von
Natur böse, und durch die Stimme ihrer Herren noch mehr angereizt, stürzten wüthend auf
uns ein. Den Augenblik hatten sie uns um-
zingelt und nun Menschen und Vieh ohne Unterschied gepakt, zerbissen, zu Boden geworfen!
Warlich, ein tragischer Anblik! wie die Rotte
Hunde wild unter uns wüthete; hier Fliehende
faßte; dort Stillstehende an der Kehle hielt
oder niederzog; anderwärts Gefallene an der
Erde kneterte; und rechts und links, was ihr
nur vorkam, mit unbarmherzigen Zähnen zer-
fleischte. Doch das war noch nicht alles! Es
kam besser. Von den Häusern und von dem
nächsten Hügel herab, ließen die Bauern unabläßig Steine auf uns hageln. Wir wußten nicht mehr, ob wir uns vor den Hunde-
bissen oder Steinwürfen schützen sollten.

Endlich wurde die Frau Gestütmeisterin,
die ich zu tragen die Ehre hatte, an ihr wer-
thes

thes Haupt getroffen.   Sie fieng Zetter-Mor-
dio! zu ſchreien an; ſo daß der Herr Gemal
gleich zur Hülfe herbei eilte.   Das Blut
ſtrömte ihr über's Geſicht; er wiſchte es flugs
ab, war bemüht es zu ſtillen, und rief dabei
aus vollem Halſe den Bauern zu:

„Aber, um Gottes Willen! Was fällt
„Ihr uns arme Leute, uns harmloſe Wanderer
„denn ſo feindſelig an? und richtet uns zu
„Grunde? Wir ſind ja keine Räuber die Euch
„Gut und Blut zu nehmen kommen! gethan
„haben wir Euch auch nichts! und Ihr be-
„wohnt ja nicht etwa Hölen der wilden Thiere,
„noch rauhe Felſen, wie Barbaren; daß Ihr
„Euch an Blutvergießen ergözen könntet!„

Kaum hatte er das geſagt, ſo hörte der
Steinregen auf, und wurden die angehezten
Bullenbeißer zurükgerufen und angenommen.
Einer von den Bauern rief aus dem Wipfel
einer hohen Zipreſſe herunter: „Ey, berauben
„wollen wir Euch nicht! wir fürchteten es aber
„von Euch; darum empfiengen wir Euch alſo!
„So geht immer ruhig und in Frieden weiter!„

Aeußerſt übelzugerichtet zogen wir unſre
Straße. Der zeigte eine große Beule von einem
Steinwurfe; Der eine klaffende Wunde von einem
Hundebiß vor. Ein jeder hatte ſeinen Theil.

Als

Als wir ein gut Stük Wegs weiter vor-
gerükt waren, kamen wir zu einem Walde mit
hohen Bäumen und lustigen, ofnen, grünen
Pläzen. Da gefiel es unseren Treibern still zu
halten, um auszuruhen, und sich gehörig zu
verbinden.

Sie lagerten sich hin und wieder aufs Gras
und nachdem sie sich erst ein wenig erholt hatten,
sorgte jeglicher für seine Verlezung. Dieser wusch
sich im vorüberfließenden Bache das Blut ab.
Jener legte nasse Schwämme auf eine Ge-
schwulst. Ein anderer band wieder eine weit
von einanderstehende Wunde mit Leinwand zu.
Solchergestalt waren alle beschäftiget, sich Linderung und Hülfe zu verschaffen.

Mittlerweile sah ihnen ein alter Kerl oben
von einem Hügel herunter zu. Ziegen, die
um ihn her weideten, kündigten ihn für einen
Hirten an.

Einer von den Unsern fragte denselben: ob
er keine Milch oder frischen Käse zu verkaufen
hätte? Er schüttelte etliche Mal mit dem Kopfe
und rief darauf: „Wie? Hier denkt Ihr an Es-
„sen und Trinken, oder an anderlei Erquikung?
„Ihr müßt nicht wissen, wo Ihr seid!“ Mit
den Worten trieb er seine Herde zusammen,
schwenkte sich, und zog hinweg.

Des Hirten Rede und Flucht jagte unsern
Leuten keine kleine Furcht ein. Indem sie aber
erschroken nachforschten, was dies wol für ein
Ort sein möchte? doch niemand finden konnten, der ihnen Auskunft gegeben hätte: So
stand mit einmal ein anderer alter Mann neben
ihnen am Wege; groß, viele Jahre aufm Naken, krumm aufn Stab gebeugt, matt die
Beine nachschleppend und übermäßig weinend.

So bald er sie sah, umfaßte er unter dem
heftigsten Thränensturze eines jeglichen Knie,
und bat also flehendlichst: „Bei allem, was
„Euch lieb und theuer ist! Bei Eurem Leben,
„das reich sein möge an Glük und Heil, und
„dem Meinen an Länge gleichen! helfet mir ar-
„men schwachen Greise; rettet meinen Kleinen
„vom Tode, und gebt ihn meinem grauen
„Haupte wieder! Ach, mein Enkel, meines
„Wegs süßer Gefährte, wollte dort ein sin-
„gendes Vögelchen haschen, und fiel in eine
„tiefe unter Gesträuchen verborgene Grube.
„Er schwebt in der äußersten Lebensgefahr.
„Noch aber lebt er. Er ruft mir, er schreiet,
„er weint. Schwach, wie ich bin, kann ich
„ihm nicht helfen; Ihr aber, jung und stark,
„leicht könnet Ihr mir unglüklichen Alten die
„größte Wohlthat erweisen, und den lezten
                                    „Zweig

„Zweig meines Stammes,“ meinen einzigen
„Nachkommen, vom Untergange erretten!“

Also flehete er, sein graues Haar zerrau-
fend. Alle waren von Mitleid gerührt. Ein
junger Kerl, muthiger, straffer, denn alle andere, und noch dazu der Einzige, der unbe-
schädiget aus dem vorigen Treffen entronnen
war.— machte flugs sich auf, fragte wo der
Knabe versunken? und gieng haftig mit dem
Alten fort, welcher mit dem Finger nach nicht
weit davon stehendem Gesträuche hindeutete.

Man ließ uns darauf weiden; und sorgte
ferner für sich selbst. Nach einer Weile pakte
man wieder zusammen und wollte weiter; allein
der junge Kerl war noch nicht wieder zurük.
Man schrie, man rief ihn bei Namen: Er kam
nicht! Man wartete länger und länger: Vergebens! Endlich schikte man ihm jemand nach,
der ihn aufsuchen, und wenn er sich etwa verirrt — zurechtweisen sollte.

Dieser war kaum weg, so kehrte er schon
leichenblaß wieder zurük und erzählte voller
Wunder: Daß er ihren Kammeraden zwar
gefunden und gesehen habe; aber wie? Ein
entsezlicher Drache habe auf ihm gesessen und
an ihm mit großer Gier genagt; fast sei er da-

mit zu Rande gewesen.   Kein Alter aber habe
sich irgendwo bliken lassen!

Als sie das hörten, und mit der Rede des
Hirten zusammenhielten, zweifelten sie nicht
mehr, daß dieser sie vor dem Drachen, der in
diesem Walde hause, habe warnen wollen. Wie
machten sie, daß sie von dem grausigen Orte
wegkamen! Wir mochten noch so sehr eilen,
dennoch war der Knüttel hinter uns her, um
uns besser anzutreiben.

Nachdem wir in größter Geschwindigkeit
einen weiten Weg zurükgelegt hatten, kamen
wir nach einem Dorfe, wo wir übernachteten.
Dort erfuhren wir eine sonderbare Geschichte,
die, für den Liebhaber, des Erzelens schon
werth ist.

Ein Sklave, dem sein Herr die Aufsicht
über das Gesinde anvertrauet hatte, und der
als Verwalter auf dem großen Gute gesessen,
wo wir eingekehrt waren; hält es mit einer
fremden Freien, ohnerachtet er mit einer von
den Sklavinnen des Meierhofs verheirathet
war. Seine Frau, aus rasender Eifersucht
über dies Kebsweib, legt Feuer an, und ver-
brennt ihres Mannes Rechnungen mit allem
Vorrathe; ja, nicht zufrieden mit dieser Rache
ihres beflekten Ehebetts, wüthet sie noch gegen

gen ihr eigen Fleisch und Blut. Sie legt sich
einen Strik um den Hals, bindet daran das
Kind, das sie mit ihrem Manne gezeugt, und
zusamt diesem Anhange stürzt sie sich in einen
tiefen Brunnen. Den Herrn reizte der Mord
zum Zorne. Er ließ den Sklaven — durch
dessen Liederlichkeit die Frau doch zu der Unthat gebracht worden — beim Felle nehmen;
splitterfasen-nakend ausziehen; von Kopf bis
zu Fuße mit Honig beschmieren und an einen
alten verfaulten Feigenstamm, worin alles
von Ameisen kriebelte und wibelte, dicht und
fest anbinden. Wie die Ameisen bei ihrem Auf-
und Ab-Patrouilliren den süßen Honiggeruch
witterten; fielen sie in unzäliger Menge über
den armen Unglüklichen her, und unter ihren
kleinen emsigen Bissen mußte er des langsam-
sten, erbärmlichsten Todes sterben; sie schrote-
ten so lange bis alles Fleisch vom Gebein herunter war. Noch fanden wir das kale, weiße
Gerippe am Marterholze hangen.

Nachdem wir auch diesen abscheulichen Aufenthalt mit seinen betrübten Bewohnern verlassen; gieng es wieder weiter. Den ganzen
Tag durchmaßen wir flaches ebenes Land, bis
wir ermüdet in einer vornehmen, volkreichen
Stadt eintrafen. Da beschlossen unsre Trei-

E 3   ber,

ber, für immer zu bleiben; denn so weit würde
niemand ihnen nachspüren, und, wegen der
gesegneten Fruchtbarkeit des Bodens, sei hier
wolfeil leben.

Drei Tage lang gaben sie ihrem Viehe
Ruhe, Rast und Mast, damit es desto ver-
käuflicher würde, und dann gieng's damit zu
Markte. Der Ausrufer verkündigte mit lauter Stimme eines jeglichen Preis. Zu den
Pferden und andern Eseln fanden sich gar bald
fette Käufer. Allein vor mir gieng alles mit
Verachtung vorüber; mich konnten sie nicht
los werden. Zulezt ward ich's satt, mich von
müßigen Feilschern, die mein Alter aus den
Zähnen beurtheilen wollten, herumhudeln zu
laffen; und aus Verdruß faßt' ich die stin-
kende Hand eines derselben, der mit seinen unflätigen Fingern mir gar zu oft am Zahnfleische
krazte; und zerkauete sie brav. Das schrekte
vollends alle Umstehenden von meinem Ankauf
ab! Mit einer so erzbösen Bestie mochte sich
keine Seele behängen.

Der Ausrufer, der sich heiser und zu schan-
den geschrien hatte, fieng nun an, sich auf
meine Kosten lustig zu machen. „Was wollen
„wir denn auch, rief er — an dem ledernen
„Klophengste da verkaufen? Ist er doch so ab-
„getragen

„getragen und abgelaufen; so schabig, und,
„bei all seiner dumpfen Trägheit, noch so wild:
„daß er auch zu gar nichts weiter taugt, als
„höchstens sein Fell noch zu einem Schuttsiebe!
„Ich dächte also, wir verschenkten ihn lieber;
„wenn sich anders jemand finden will, der sich
„das Futter, das er frißt, nicht dauern läßt.„

Darüber entstand ein großes Gelächter unter den umstehenden Leuten.

Allein mein feindseliges Geschik, dessen
schwere Hand, troz meiner Flucht durch so
viele Länder, noch immer auf mir lag, und
das durch alles vergangene Elend lange noch
nicht versöhnt war — blikte auch izt wieder
mich scheel an. Ein Käufer, recht wie er sein
mußte, um mein Unglük zu vollenden, mußte
sich dennoch, wunderbarerweise darbiethen.
Wüßt Ihr, was für Einer? — Ein alter
Kastrat; ein Glazkopf, nur aufm Hinter-Haupte
noch mit einigen wenigen langen, krausen, gräu-
lichen Haaren versehen; einer aus der Zunft
desjenigen Pöbels, der mit der Syrischen
Göttin, beim Klange der Zimbeln und Krota-
len, durch Städte und Dörfer betteln gehet.

Höchstkauflustig tratt er zum Ausrufer hin,
und fragte: „Wo ist der Esel her?„

E 4 „Aus

„Aus Kappadocien — verſezte jener; —
„er hat recht Mark in den Knochen!‟

„Iſt er ſchon alt?‟ fragt' er wieder.

„Ein Sterndeuter — antwortete voller
Schalkheit der Ausrufer — „der ihm neulich
„die Nativität geſtellt hat, giebt ihm gerade
„fünf Jahr; aber das weiß er wol ſelbſt am
„beſten aus ſeinem Geburtsbriefe! Uebrigens,
„iſt es gleich dem Corneliſchen Geſez zuwider,
„daß ich Euch einen Römiſchen Bürger zum
„Sklaven verhandele: ſo kauft die gute ehrli-
„che Haut immer! ſie kann Euch in und außer
„dem Hauſe nützlich ſein.‟

Hiermit hatte das Fragen meines aller-
liebſten Käufers noch kein Ende.   Von einem
kam er auf das andere.   Endlich erkundigt' er
ſich auch gar ängſtlich: „ob ich auch recht
„fromm ſei?‟

„O, was das betrift — erwiederte der
„Ausrufer — fromm wie ein Lamm! Er hält
„zu allem ſtille; beißt nicht; ſchlägt nicht: er
„könnte nicht beſſer ſein, wenn gleich der duld-
„ſamſte Menſch in ſeiner Haut ſtekte.   Ihr
„könnt Euch den Augenblik davon überzeugen.
„Schiebt ihm nur einmal den Kopf zwiſchen
„die Schenkel: ob er nicht alles leidet?‟

Alſo

Also hohnekte der schelmische Ausrufer den armseligen Schluker.

Dieser merkte den Spott sehr gut, that als ob er darüber rappelköpisch würde und sprach:

„Möchte doch die allmächtige, allgebäh-
„rende Syrische Göttin, samt dem heiligen
„Sabazius, und Bellonen, und der Idäischen
„Mutter, und Venus der Allherrscherin, mit
„ihrem Adonis — Dich altes Todtengerippe
„von Ausrufern, auf ewig taub, stumm und
„blind machen, daß Du Lästerzunge mich so
„mit Deinem Narrenspaße zum Besten hast!
„Denkst denn Du Gimpel, daß ich meine Gött-
„in einem wilden Thiere anvertraun könne?
„Es würde ja, so bald es kollericht würde,
„das heilige Bild abwerfen, und dann könnt'
„ich mit zerstreueten Haaren umherrennen, und
„für meine arme am Boden gestrekte Göttin ei-
„nen Arzt suchen!‟

Als ich ihn so sprechen hörte, wollte ich so gleich, wie besessen, springen und sezen; damit er vom Kaufe abstehen möchte, wenn er mich so wild sähe: Allein er war zu hizig. Er kam meiner Absicht zuvor und bezalte flugs die verlangten siebzehn Denar an meinen Herrn. Dieser freuete sich herzlich, mich los zu werden,

E 5 und

und säumte nicht, an einem Ginst = Seile mich
meinem neuen Eigenthümer, der Philebus
hieß, zu übergeben. Er zog mich nach Hause.

Kaum hatte er die Hausschwelle betreten;
so schrie er schon: „Schaut Mädchen! schaut
„doch den allerliebsten Sklaven, den ich Euch
„vom Markte mitbringe!„

Diese seine Mädchen waren nichts anders,
als ein Schwarm Verschnittener; die voller
Freuden herbeistürzten, und mit feinen, grel-
len Weiber = Stimmchen ein höchst unangeneh-
mes Gekreisch erhoben. Sie dachten wirklich,
Philebus habe irgend ein junges artiges Kerl-
chen von Sklaven zu ihrem Dienste erkaufet.
Als sie sich aber betrogen fanden, und nicht
eine Hindin für eine Jungfrau; sondern statt
eines Kerls einen Esel untergeschoben sahen:
zogen sie verzweifelte Gesichter und höhnten ihren Herrn aus.

„Nicht also! — riefen sie — Wo wäre
„das ein Sklave für uns? Ein Buhle für Euch
„ist es! Aber Ihr werdet ihn doch nicht ledig-
„lich auf Euren Leib Euch halten; sondern uns
„auch zuweilen uns damit erlustieren lassen?

Unter diesem und dergleichen Geschnatter
führten sie mich an eine Krippe und banden
mich an.

Es

Es war bei ihnen ein junger, ziemlich vier-
schrötiger Kerl, ein geschikter Zinkenist, der
für das Geld, das sie ihrem Maule abgespart
hatten, war angeschaft worden. Bei den Um-
zügen mit der Göttin mußte er auf dem Zinken
spielen. Zu Hause bedienten sie sich desselben
in die Wette zu ihren Lüsten. So bald dieser
mich sah, bracht' er mir von freien Stüken
reichlich zu essen, und sprach erfreuet zu mir:

„Herzlich willkommen, theurer lieber Vi-
„karius des allerschmuzigsten Dienstes in der
„Welt! O möchtest Du recht lange leben, und
„unseren Herren gar wolgefallen; damit ich
„doch nicht völlig ausgemergelt werde, und
„wieder ein wenig zu Kräften komme!„

Als ich das hörte gieng mir über meine
künftige Bestimmung der heiße Gräul an.

Andern Tags legte die gesammte Priester-
bande Gewänder von allerlei Farben an, puzte
sich aufs lächerlichste heraus, schminkte sich
zierlich das Gesicht und malte die Augenbrau-
nen und zog in Procession aus. Einige von
ihnen mit safrangelben leinenen auch seidnen
Bünden, weiß und purpurgestreiften Kleidern von einer Scherpe umgürtet; und mit
braunen Schuhen: sezten die Göttin, in einen
seidnen Mantel gehüllt auf meinen Rüken. Die

Arme

Arme entblößt bis an die Schultern, große
Schwerdter und Aexte schwingend: hüpften sie
jauchzend einher; von dem Geflüster der Flöten
je mehr und mehr zu ihrem ertatischen Tanze
ermuntert.

Nachdem sie vor vielen schlechten Hütten
vorübergezogen, kamen sie zum stolzen Land-
siz eines vornehmen Reichen. Mit dem Ersten
Fuß, den sie hineinsezten, geriethen sie in fa-
natische Wut, erhoben ein mißtönend Geheul,
und machten das seltsamste Getümmel. Sie
wirbelten lange, mit gesenktem Haupte, den
Hals aufs sonderbarste biegend und wendend,
und das lose Haar schüttelnd, — im Kreise
herum. Zuweilen bissen sie sich in die aufge-
schwollenen Muskeln; und zulezt zerrizten sie
sich gar die Arme mit ihren zweischneidigen
Schwerdtern.

Einer unter ihnen raste noch toller als die
übrigen. Er rollte fürchterlich die Augen;
schnaufte, brauste, schäumte; stellte sich wahn-
sinnig: und das zum Beweis, daß er ganz
göttlichen Geistes voll sei! Gerade, als müsse
die Gegenwart der Götter den Menschen nicht
stärken und erheben; sondern schwächen und
niederdrüken. Aber hört, was die göttliche
Vorsehung ihm dafür zum Lohne gab!

Sie

Sie ließ ihn überlaut weissagen; gleißne-
risch sich selbst anklagen, als habe er sich gegen
die heilige Religion einer Sünde schuldig gemacht; und zur Buße für sein schweres Verbrechen, eigenhändige Kasteiung von ihm selbst
fodern. Nun nahm er eine Geißel, dergleichen dies Halbmannsgesindel immer führt, mit
einer wollenen Schnur, die unten weit aufge-
faselt und mit vielen spizigen Schafknöchelchen
versehen ist, — und zerpeitschte sich damit
gotteserbärmlich; ohne jedoch die allergeringste
Empfindlichkeit gegen den Schmerz bliken zu
lassen.

Der Boden schwamm vom Blute, das
aus den Schnitten und Hieben dieser Weiblinge
floß. Ich gerieth über solch ein Blutvergießen
in die größte Angst. Ich furchte, die fremde
Göttin möchte endlich auch noch auf Esels-
Blut (wie manche Leute auf Esels-Milch) Ape-
tit bekommen. Inzwischen sie wurden endlich
müde, oder vielmehr sie hatten es satt, sich
weiter zu zerfleischen, und machten der Schin-
derei ein Ende. Die Leute drängten nun herbei, und schenkten ihnen reichlich eherne, ja
auch silberne Münzen, die sie mit aufgehalte-
nem Schoße einsammelten. Auch gab man
ihnen ein Faß Wein, und Milch und Käse,

und

und Roken- und Waizen-Mehl; ja, so gar Gerste für den Träger der Göttin.

Sie rasten alles sehr gierig zusammen, thaten es in Säke, welche sie mit Fleiß dazu eingerichtet hatten; und hiengen es mir über den Rüken; so daß ich gedoppelt schwer zu tragen hatte, und zu gleicher Zeit als Magazin und als Tempel einhergieng. \ Solchergestalt zogen sie beständig umher, und sezten die ganze umliegende Gegend in Contribution.

Erfreut über ihre gesegnete Erndte, wollten sie sich nun einmal tractieren. Was haben sie zu thun? Als sie nach einer Burg kommen, wird ein Orakel geschmiedet: „Es hun„gere die Syrische Göttin; der Pachter solle„ihr einen fetten Hammel zum Opfer bringen.„

Das geschicht. Nun richten sie die lekerste Mahlzeit zu; gehen ins Bad; waschen sich und lesen sich da einen recht stammhaften, wolversehenen Bauerkerl aus; den nehmen sie mit zu Gaste.

Kaum ist die Vorkost berührt, als schon das ausgelassene Gesindel sich der abscheulichsten Unzucht überläßt. Nakend wird der arme Bauer ausgezogen, und alle sind zugleich über ihn her, und muthen ihm die allerschändlichsten Dinge zu.

Ich

Ich konnte diese Gräuel nicht mit ansehen. »O Ihr Bürger, Hülfe!» wollt' ich rufen; allein nichts als O, und keine Silbe weiter, kam heraus, doch so laut und so stark, daß sich dessen kein Esel zu schämen gehabt hätte.

Ich hätt's nicht*) besser treffen können! Denn in verwichener Nacht hatte man aus dem nächsten Dorfe einen Esel gestohlen. Die Eigenthümer desselben hatten schon vergeblich darnach in allen Herbergen umher gesucht. Sie hörten mein Gigaken im Innern des Hauses; dachten, man halte ihr Thier in irgend einem Schlupfwinkel verborgen, und stürmten, desselbigen wieder habhaft zu werden, Knall und Fall zu uns in die Stube herein; wo sie denn die Unfläter bei ihrem heillosen Spiele überrumpelten. Augenbliklich riefen sie die Nachbaren zusammen und eröfneten ihnen diesen schmuzigen Auftritt, nicht ohne den bittersten Spott über die keusche Zucht der hochehrwürdigen Herren. Im Nu wußte es alle Welt.

Die Priester wußten sich vor Schimpf und Schande nicht zu bergen. Hurtig pakten sie alles zusammen, und machten sich bei Nacht und Nebel aus dem Staube.

Nach-

*) Ich lese statt sed, neo.

Nachdem wir noch vor Sonnen Aufgang
ein großes Stük Wegs gemacht, befanden wir
uns mit des Tages Anbruch in einer abgelege-
nen einsamen Gegend.   Da stekten sie eine
Weile die Köpfe zusammen, und das Ende vom
Liede war, mit mir das Garaus zu spielen.

Sie nahmen mir die Göttin vom Rüken
und sezten sie auf die Erde; zogen mir alle Deken ab; und somit an eine Eiche mich gebunden, und mit der zusammengekettelten, mit
Thierknöchelchen bewafneten Geißel, schier zu
Tode gehauen! Einer wollte mir so gar mit der
Axt die Hessen abhakken, daß ich so öffentlich
seine unbescholtene Tugend beflekt hätte: doch
die übrigen widersezten sich; zwar nicht um mei-
net willen; sondern wegen der am Boden lie-
genden Göttin.   Also kam ich noch mit dem
Leben davon.   Sie pakten mir alles wieder
auf, und mit flachen Degen mich vor sich her-
treibend, gelangten sie zu einer ansehnlichen
Stadt.

Wie sie hieselbst ihre Zimbeln und Trom-
meln ertönen ließen, und die sanfte Weise des
Phrygischen Gesangs anstimmten: kam ihnen alsbald ein vornehmer, religiöser, aus-
nehmend gottesfürchtiger Herr entgegen; flehete demütig die Göttin, bei ihm einzukehren;

nahm

nahm uns insgesamt mit in seinen weitläuftigen Pallast; und trachtete durch die tiefste Ver-
ehrung, durch die fetteste Opfer, sich unsre
Gottheit geneigt zu machen.

Allhier war es, — ich erinnere mich dessen gar wol — wo ich die allergrößte Lebensgefahr lief.

Ein Pachter hatte unserm Wirthe, seinem Herrn, eine schöne feiste Hirschkeule zum
Geschenke gemacht. Man hatte sie, unvor-
sichtlicherweise, nicht allzu hoch hinter der
Küchenthüre aufgehängt; und ein Jagdhund,
der sie ausgewittert, hatte sich, höchst vergnügt über den Fund, derselben bemächtiget,
und heimlich davon geschlichen. So bald der
Koch diesen Verlust inne ward, machte er sich
die größten Vorwürfe über seine Nachläßigkeit
und lamentirte und weinte entsezlich. Was
sollte er seinem Herrn nun zu essen vorsezen?
Er hatte von dessen Unwillen alles zu fürchten.
Aus Verzweiflung läuft er hin, nimmt von
seinem kleinen Sohne zärtlichst Abschied; und
holt dann einen Strik und will sich erhenken.

Zum Glüke erfuhr sein treues Weib noch
zur rechten Zeit was ihm begegnet! Sie läuft
zu ihm, reißt ihm den unglüklichen Strik aus
den Händen und spricht:

II. Theil.   F   „Du

„Du haſt ja wol über Dein Unglük den
„Verſtand verloren, daß Du nicht einmal das
„Rettungsmittel ſiehſt, das Dir die barmher-
„zigen Götter in dieſer Noth beſchert haben!
„Biſt Du noch irgend einer vernünftigen Vor-
„ſtellung fähig; ſo ſammele Dich, und höre
„mich an: Führe den fremden Eſel da, ab-
„ſeits, und ſchlachte ihn. Löſe ihm dann eine
„Keule juſt ſo ab, daß ſie wie die verlorne aus-
„ſieht; richte ſie mit einer ſchmakhaften Brühe
„zu, und trage ſie kek dem Herrn auf: ich gebe
„Dir mein Wort; er merkt es nicht!‟

Der verdammte Kerl ließ ſich den Rath,
ſein Leben durch meinen Tod zu retten, wolgefallen. Hoch ſtrich er die Klugheit ſeiner trau-
ten Hälfte heraus und gieng alſofort und ſchärfte
ſein Schlacht-Meſſer, um ihren Vorſchlag zu
vollziehen.

———————————

Der

Der Goldne Esel.

Neuntes Buch.

Also bewafnete der verfluchte Schinder seine
gottlose Hände gegen mich. In so drin-
gender Gefahr galt kein Säumen. Ich ent-
schloß mich kurz, durch die Flucht mich vor
dem nahen Verderben zu retten.

Straks reiße ich die Halfter ab, woran
ich angebunden war, und renne was nur das
Zeug hält davon; nicht ohne zur größern Sicherheit öfters hinten auszuschmeißen. Ich
sprenge wild durch das Vorhaus hindurch und
gerades Wegs in den Speisesaal hinein; wo
der Herr des Hauses mit den Priestern das
Opfermal hielt. Ich war so im Schuß, daß
ich, beim Hereinprellen, Tisch, Teller, Schüsseln und Geräthe und alles, was mir nur im
Wege stand, um und um stieß, daß es mit
entsezlichem Gepolter durcheinander stürzte.

Unser Wirth erschrak, und ließ mich flugs
greifen, und von einem seiner Leute an einem
sichern Orte wol einsperren; damit ich ihn,

wenn

wenn ich etwa wieder rappelköpiſch würde,
durch meine freche Zwiſchenkunft nicht noch einmal in der Ruhe des Gaſtmals ſtören möchte.

Da ich durch meine verſchmizte Flucht alſo
in Sicherheit geſtellt, und den Händen des
barbariſchen Kochs entriſſen war; freuete ich
mich ordentlich meines Gefängniſſes.　Aber,
wo nur das Glük nicht mit uns iſt, was hilft
uns da all unſre Klugheit und all unſer Wiz!
Das, was die göttliche Vorſehung über uns
verhängt hat, geſchicht darum nicht weniger!
Ich dachte, wie ſchlau ich der Gefahr entronnen ſei! und war nun eben erſt recht tief hinein
gerathen.　Denn, zitternd wie ein Espenlaub,
kam plözlich ein Kerl in den Speiſeſaal gerannt — ich erfuhrs nachher aus den Ge-
ſprächen der andern Bedienten — und meldete
dem Herrn:

„Eben ſei aus der nächſten Gaſſe ein toller
„Hund zur Hinterthüre hereingekommen, und
„habe mit blinder Wut die Jagdhunde ange-
„fallen.　Drauf ſei er in die Ställe gelaufen,
„und habe da alles gebiſſen, und als er end-
„lich wieder heraus gekommen, auch ſelbſt der
„Menſchen nicht geſchont.　Der Eſeltreiber
„Myrtil, der Koch Hephäſtion, der Kammer-
„diener Hypatius, und Apollonius der Arzt,
„und

„und noch andere mehr, die denselben hätten
„wegjagen wollen, wären alle lästerlich zuge-
„richtet. Bei verschiedenen von den Thieren,
„die sich in den Ställen befunden, fienge auch
„schon die Tollheit sich zu äußern an.„

Diese Nachricht sezte die ganze Tischgesell-
schaft in Schreken. Jedermann hielt augenbliklich auch mich für toll. Man nimmt, was
man an Gewehr nur vorfindet, ermuntert sich
gegenseitig, die Gefahr gemeinschaftlich zu be-
stehen; und somit Jagd auf mich gemacht!
nicht anders, als wären sie insgesamt selbst
rasend geworden.

Es ist wol kein Zweifel, daß sie mich mit
ihren Spießen, Fangeisen, Aexten, Beilen,
und was sie sonst noch für Mordgewehr hatten
— in Kochstüken zerstochen und zerhakt haben
würden; wenn ich der Gefahr nicht noch zur
rechten Zeit inne geworden wäre und mich in
das Zimmer, welches meinen Herren zur Wohnung angewiesen worden, geflüchtet hätte.
Da schloß und riegelte man mich ein, und be-
sezte die Thüre. Ehe man sich selbst blos stellte,
wollte man dem Gifte lieber Zeit lassen, völlig
zu wirken, und mich aufzureiben.

Als ich mich im Zimmer so frei und allein
sah, macht' ich mich der Wolthat des Glükes

F 3 zu

zu Nuze, und ſtrekte mich der Länge lang auf
ein da ſtehendes, gemachtes Bette, und ſchlief
nach geraumer Zeit zum erſten Male wieder,
als ein Menſch.

Bereits war es heller Tag, als ich mich
von meinem weichen Lager ganz munter wieder
erhob, und draußen vor der Thüre meine Wäch-
ter um mich zanken hörte.

„Ich kann's nimmermehr glauben, —
„ſprach einer — daß der arme Eſel drinnen die
„ſtäte Tolle haben ſollte! Ehr wollt' ich ſagen,
„daß das Gift bei ihm ſchon ausgetobt habe
„und bereits wieder verflogen ſei!„

Die Meinungen waren getheilt. Man
ſchritt zu einer genauern Unterſuchung, und
gukte durch eine Rize in der Stubenthüre; da
man mich denn ganz fromm und ruhig ſtehen
ſah. Nun wurde die Thüre eröfnet, und man
kam und beobachtete näher, ob ich mich wirklich beſänftiget hatte? und einer, den mir der
Himmel zum Retter geſandt, that den übrigen folgenden Vorſchlag, meine völlige Wie-
berherſtellung zu erproben. Nemlich, man ſolle
mir einen Eimer friſch Waſſer zu ſaufen hin-
halten; bezeugt' ich davor nicht den geringſten
Abſcheu, und tränke wie gewöhnlich; ſo könne
man ſicher ſein, daß mir nichts mehr fehle:
Hin-

Hingegen, schauderte ich davor zurük und trüge
Scheu zu trinken; so wäre es nicht richtig mit
mir. Dies wäre schon eine sehr alte Erfah-
rung, die man noch täglich bewährt fände.

Auf den Rath wurde gleich aus dem nächsten Brunnen ein Kübel frischen klaren Wassers
geholt, und mir, wiewol mit einigem Zagen,
hingehalten. Ich aber tratt ohne Anstand
hinzu, ja ich gieng demselben noch einige Schritte
entgegen; stekte, als ob ich noch so durstig
wäre, den ganzen Kopf hinein, und soff
auch alles Wasser — im eigentlichsten Verstande ein Lebenstrunk für mich — bis auf
den lezten Tropfen rein aus. Auch litt' ich ge-
ruhig, daß man mich streichelte, und mit Händen klopfte; die Ohren mir grauete, und bei
der Halfter mich herumführte; kurz alles was
sie mit mir nur versuchen mochten: bis sie endlich ihr rasendes Vorurtheil gegen mich abge-
legt hatten, und von meinem völligen Wolbe-
finden überzeugt waren. Also entronn' ich dieser doppelten Lebensgefahr.

Folgendes Tags ward ich wiedrum mit
dem heiligen Geräthe behangen, und unter Kro-
talen- und Zimbel-Klang aufs Almosenbetteln
ausgeführt. Nachdem wir durch allerhand
Dörfer und Fleken gezogen, blieben wir endlich
F 4 in

in einer Burg stille liegen, die nach dem Berichte der Einwohner auf den Trümmern einer ehmaligen reichen Stadt erbauet war.

In der Herberge, worin wir gastfreundlich aufgenommen wurden, erfuhren wir eine lustige Geschichte von einem armen Zimmermann, dem seine Frau auf die schnurrigste Weise von der Welt Hörner aufgesetzt hatte. Sie sei hier zum Besten gegeben!

*) Ein armer Zimmergeselle, der nur kümmerlich sein Brodt mit Tagelöhnern verdiente; hatte ein Weib, die, aller Armut ohnerachtet, wegen ihres Hanges zur Ueppigkeit übelberüchtiget war. Eines Tages, als er früh auf seine Arbeit gieng, huscht flugs zu ihr ein flinker Galan in's Haus. Kaum sind aber beide zusammen, und fangen in voller Sicherheit an, der Liebe zu pflegen, siehe! da kehrt der Mann schon wieder heim; ohne daß er jedoch um etwas gewußt, oder dergleichen sich versehen hätte, vielmehr, da er die Thüre dicht und fest verschlossen und verriegelt fand, freuet' er sich in seinem Herzen über die strenge Eingezogenheit seines treuen Weibes. Er klopft an, und

---

*) Diese Geschichte hat Boccaz, Decamerone, giorn. VII. nov. II.; und La Fontaine, Contes, tome II. Le Cuvier, nachgeahmt.

und giebt durch Pfeifen das Zeichen, daß er
da sei. Wie der Bliz hat sich das verschmizte,
auf solche Fälle ausgelernte Weib aus ihres
Liebhabers Armen losgeschlungen, und denselben in einem großen Fasse versteckt, das halb-
verschüttet und leer in einem Winkel da stand.
Nun macht sie dem Manne auf; gleich in der
Thüre aber läßt sie ihn böse an.

„Wie? — keift sie — leer und müßig
„kommst Du wieder nach Hause? Pfui über
„Dich Erzfaulenzer! Du magst nur immer die
„Hände in den Schoos legen, und nicht ein-
„mal soviel arbeiten, daß wir unser elendes Le-
„ben erhalten können; da ich armes betrübtes
„Weib mich doch Tag und Nacht mit dem Wolle-
„spinnen plage, und mich abarbeite, damit
„wir nur in der Kiffe hier nicht im Finstern sizen
„dürfen! Wie weit glücklicher Nachbarin
„Daphne dagegen lebt! Vom frühen Morgen
„bis in die sinkende Nacht zecht, schlämmt,
„und buhlt sie nach Herzens Lust mit jungen
„Kerln!„

Verblüfft über den Willkommen, begann
der Mann gar glimpflich: „Nu, nu, gutes
„Weibchen! laß nur gut sein! Hat mir der
„Meister gleich keine Arbeit gegeben, weil er
„vor Gericht zu thun hatte; so ist heut darum

F 5 „doch

„doch für unſer Sattwerden geſorgt. Denk!
„das alte Faß da, was uns nur überflüßig
„iſt und im Wege ſteht, hab' ich für fünf De-
„nar verkauft! Der Käufer wird das Geld
„dafür den Augenblik herbringen, und es ab-
„holen. Komm, Schaz, und hülf es mir
„aus dem Wuſte da hervorziehn, damit wir's
„ihm überliefern können. „

Da galt Beſonnenheit! und ſie fehlte der
Abgeſäumten nicht. Sie ſchlug ein ſpöttiſches
Gelächter auf, und rief: „Nu, das iſt wahr,
„ein gar vortreflicher Handelsmann biſt Du!
„Eine Sache, die ich dummes Weib, ohne
„einen Fuß vor die Thüre zu ſezen, ſo eben
„für ſieben Denar verkauft habe; die weißt
„Du doch noch für weniger los zu werden!„

Wer war froher, wie der Mann über den
unerwarteten Profit! Haſtig fragt' er: „J,
„wer iſt denn das, der es ſich ſo theuer hat an-
„ſchmieren laſſen? „ St! — ſprach ſie —
„dort ſtekt er drinnen, und unterſucht, ob's
„auch ganz iſt? „

Der Galan tratt vortreflich in die Lüge ein.
Ganz unbefangen rekte er den Kopf aus dem
Faſſe und ſprach: „Die Warheit zu ſagen,
„Mutter, Euer Faß iſt doch ſchon ziemlich
„wandelbar. Es hat hin und wieder anſehn-
„liche

„liche Riſſe.„ Drauf richtet' er ſich an den
Mann, und ſagte ganz fremd zu ihm: „O
„guter Freund, holt mir einmal eine Lampe;
„ich will doch innen den Schmuz abkrazen und
„zuſehen, ob das alte Ding wol noch zu ge-
„brauchen iſt? Denn wegwerfen möcht' ich mein
„Geld auch nicht!„

Der arme Tropf, ohne daß ihn die Stirne
jükt, geht und zündet unverzüglich die Lampe
an; kommt dann damit und ſpricht: „Laßt
„mich lieber das machen, Kammerad! warum
„wolltet Ihr Euch bemühen? Wann ich fer-
„tig bin, könnt Ihr's beſichtigen!„ Damit
zieht er ſich aus, und kriecht, die Lampe in
der Hand, an deſſen Statt in das Faß, und
pocht, ſcharrt und ſchrapt es aufs emſigſte
aus. Unterdeſſen ſchmiegt ſich der leichtfertige
Buhle über ſeine Frau Zimmermannin hin,
welche ſich auf das Faß gebükt hatte, und be-
zimmert ſie nach Herzens Luſt. Kopf und
Arm in das Faß gehängt, zeigte ſie dabei mit
ſchamloſer Verſchlagenheit ihrem Manne bald
hier bald dort noch etwas zu ſäubern an; bis
endlich Mann und Liebhaber beide ihr Werk
vollendet. Da zahlte dieſer ſeine ſieben Dänar,
und der arme Hahnrei mußte noch obenein ſeinem

Hör-

Hörnerpflanzer das Faß aufm Naken nach
Hause tragen.

Nach einem Aufenthalt von etlichen Tagen in dieser Burg, während desselben sie sich
auf öffentliche Kosten weidlich mästeten, auch
ihre Sache durch Welssagen nicht übel machten: fielen die frommen Priester noch auf eine
neue Art Geld zu verdienen. Sie ertheilten
einen Orakelspruch, und durch künstliche Aus-
legung paßten sie denselben allen möglichen vor-
gelegten noch so sehr von einander verschiedenen
Fragen an. Ohngefehr so. Das Orakel lautete:

Darum reißen zusammengespannete Stiere das
Land auf,
Daß in der Zukunft die Saat sprieße gesegnet
hervor.

Fragte nun ein verliebtes Paar, ob es
sich heirathen solle? So sagten sie: Es läge
ausdrüklich in der Antwort; sie sollten sich unterm Joche der Ehe zusammen vereinen, und
eine Saat von Kindern würde aus ihnen ent-
sprießen. Wollte jemand wissen, ob er gewisse Besitzungen kaufen sollte? — Allerdings!
es würde ihm ja ein Joch Ochsen verheißen,
und Felder mit blühenden Saaten. Erholte
ein anderer sich Raths wegen einer bevorstehenden

den Reise, über die er in Sorgen stand? —
Er solle damit nicht zaudern! die Ochsen, das
allerfrömmiste Vieh, ständen schon angespannt
und fertig; die Reise würde für ihn auch ersprießlich sein, das kündige der sprießende Boden an.   War die Frage, ob es rathsam sei
ein Treffen zu liefern? oder Räubern nachzu-
sezen? — Höchst rathsam! das Schiffal ver-
heiße Sieg; Denn gleich den Stieren würden
die Feinde ihren Naken unter das Joch schmie-
gen; und gesegnet würde die Raub-Ernote
sein, die man von den Banditen einsammeln
würde.

Mit dieser spizfindigen Betrügerei scharrten
sie kein kleines Geld zusammen; bis sie endlich,
wegen des beständigen Fragens, des Antwor-
tens müde waren, und weiter giengen.

Der Weg, den wir machten, war ärger
denn alles, was ich die Nacht durch ausge-
standen hatte.   Bald versank ich in grundlo-
sen Wasser-Rinnen; bald blieb ich in zähem
Moraste steken; bald gleitete ich mit allen
Vieren auf schlüpfrigem Boden.   Endlich und
endlich gerieth ich, nach langem Stolpern und
Stürzen, auf eine ebene Straße; meine Füße
aber waren ganz morsch und ich so abstrappa-
ziert, daß ich kaum noch fort konnte.

Siehe

Siehe da! Plözlich kam ein Trupp bewaffneter Reiter in so gestrektem Galoppe hinter uns her gesprengt; daß sie kaum die Pferde anhalten konnten, als sie bei uns ankamen. Sie fielen hizig über den Philebus und seine Confraters her; faßten sie bei der Gurgel; schimpften sie gottlose Kirchenräuber; schlugen sie mit geballten Fäusten; und legten ihnen Handfesseln an.

„Gebt heraus, Ihr Spizbubenpak! — schrien sie immer — „gebt gleich den goldnen „Kelch heraus, den Ihr von den heiligen Pol„stern der Mutter der Götter heimlich entwen„det habt! Ihr habt ihn gestolen, als Ihr „vorgabt geheime Feierlichkeiten im Verborg„nen zu begehen, und blos darum habt Ihr „Euch auch in aller Stille noch vor Anbruch „des Tages weggemacht! Aber Ihr irrtet „Euch sehr, wenn Ihr glaubtet, der Strafe „einer solchen Schandthat entrinnen zu können.

Einer derselben tappte mir unterdessen aufm Rüken herum; visitierte alles durch, was ich trug; und zog endlich aus dem Schoos der Göttin selbst, vor aller Augen, den goldnen Kelch hervor.

Inzwischen selbst die Ueberweisung der gräß‑lichsten Gottlosigkeit schlug das unverschämte

Priestergesindel noch nicht nieder. Fingen sie
nicht gar noch zu lachen an, und wollten sich
weißbrennen?

„Es ist doch himmelschreiend, riefen sie
»— wie unverdienterweise man in Gefahr ge-
»räth! Um eines Kelches willen, den die Mut-
»ter der Götter ihrer Schwester, der Syri-
»schen Göttin, zum Gastgeschenke gegeben,
»sollen wir arme unschuldige Vorsteher ihrer
»Religion mit Leib und Leben zur Verantwor-
»tung gezogen werden: Als ob wir uns an so
»heiligen Sachen vergreifen könnten!»

Allein sie redeten nur in den Wind. Die
Reiter nahmen sie mit sich zurük, und warfen
sie geschlossen in den ärgsten Kerker. Den Kelch
brachten sie wieder in den Schaz des Tempels,
und meine Göttin alldazu. Mich aber führten sie folgenden Tags auf den Markt, und
ließen mich wiederum zum Verkaufe ausrufen.

Ein Beker *) aus dem nächsten Städtchen
bezahlte mich noch um sieben Nummen theurer,
als Philebus vorher für mich gegeben hatte.
Er belud mich mit Getreide, das er aufgekauft,
und trieb mich einen rauhen, steinigen Weg,

voller

*) Pistor, welches im Texte steht, heißt Beker
und Müller; denn bei den Alten war beides
insgemein Eine Person.

voller Stürze und Wurzelenden, zu sich nach
Hause. Viele Pferde und Esel in beständigem
Kreislaufe, trieben da Mühlen von allerhand
Größe, nicht allein bei Tage, sondern auch
die Nacht durch bei Lichte.

Mein Herr hatte anfangs ungemein viel
Gütigkeit für mich; vermuthlich um mir von
meiner neuen Lage einen desto günstigern Begrif beizubringen. Er ließ mich den ganzen
ersten Tag feiern; und meine Krippe war immer vollauf mit Futter angefüllt. Aber länger daurte auch die Flitterzeit nicht!„

Den folgenden Tag wurd' ich mit dem frü-
hesten, an eine der größten Roß-Mühlen angespannt. Man verkappte mir das Gesicht
und trieb mich an in die Runde, innerhalb der
gezogenen Schranken herumzugehen, und Einen und denselben, und immer wieder von
neuem anzufangenden Umlauf zu beginnen.
Um es, meinen Gedanken nach, recht klug zu
machen, bezeigte ich zu der leichten Kunst so
wenig Gelehrigkeit, als nur möglich. Zwar
hatt' ich, wie ich noch als Mensch unter den
Menschen lebte, dergleichen Maschinen wol
tausendmal herumdrehen sehen; demohnerachtet stellt' ich mich ganz neu und fremd dazu
an. Ich stand wie in dem Boden gewurzelt
da,

da, und gieng nicht von der Stelle. Ich bildete mir ein, ich würde zu solcherlei Verrichtungen für unnüz und unbrauchbar erklärt, und lieber zu irgend einer leichtern Arbeit bestimmt; oder auch gar, aus Gnaden, in Müßiggang ernährt werden. Ach! wie weit schoß ich vom Ziele!

Ich war bald von einem Haufen Leute, mit Prügeln bewafnet, umgeben; und indem ich so mit verbundenen Augen in der schönsten Hofnung versunken, da stand: Ließen die auf ein gegebenes Signal mit einmal, unter gräßlichem Geschrei, unzälige Streiche hageldicht auf mich einfallen.

Denkt Euch den Schrek!

Vergessen waren da augenbliklich meine geflügelte Anschläge! und fir legte ich mich aus allen meinen Kräften ins Zeug, und trollte lustig umher in die Runde. Allesamt wollten sich über eine so schnelle Sinnesänderung zu Tode lachen.

Bereits war der größte Theil des Tages verstrichen. Kaum konnt' ich noch fort, als man mich wieder abkappte, ausspannte, und an die Krippe stellte. So müde ich indessen auch war; so sehr ich eines Ersazes an Kräften bedürftig, und so laut sich auch in

II. Theil. G mir

mir mein Magen meldete: Dennoch hieng ich
lieber meiner geliebten, nie mich verlassenden
Neugier nach; als daß ich das in Ueberfluß
mir vorgeschüttete Futter ruhig ausgefressen
hätte.   Mit großem Behagen erforschte ich
das ganze Wesen und die innere Beschaffenheit
eines so unseligen Aufenthaltes, als eine
Stampfmühle ist.

Ihr gütige Götter! wie viele Menschen
gab es da, über und über mit Blut = Strie-
men bezeichnet; den Rüken zerbläuet; mit
Lumpen mehr beschattet, denn bedekt! Einige
hatten noch einen geringen Fezen um die Scham
geworfen; die mehresten aber waren so beklei-
det, daß sie darum nicht weniger nakend
giengen.

Was für Gebranntmarkten, für Halbge-
schornen, für Geschlossenen, sah ich da nicht!
Fahl zogen sie einher, wie Schatten. Die
Augenwimpern waren ihnen vom Rauch und
Dampf des Bakofens abgesengt; sie konnten
kaum aus den Augen sehen.   Und wie im
Kampfe die Fechter mit Staub, so waren sie
vom Kopf bis zu den Füßen mit Mehl und
Asche gepudert, und gar unkenntlich vor
Schmuz.

Allein

Allein das ist alles noch nichts, gegen den
Zustand, worin ich meine Gespannschaft, die
Pferde, Mäuler und Esel, antraf. Der ist
fast nicht zu schildern. Für's Erste waren
es lauter uralte Thiere, lauter Schindkraken,
die vor Schwäche schweimelten. Die standen
nun mit festgeschlossenen Augen, den Kopf zur
Erde gesenkt, da an der Krippe und käueten
schläfrig Spreu; der ganze Hals Ein Eiter-
fraß; die Nüstern vom unaufhörlichen Brusten
schlaf und weit offen; die Vorderblätter vom
ginstnen Zugseile durchgerieben und geschworen;
die Rippen bloß vom beständigen Gepeitsche;
die Hufe breit von einander gelaufen; und endlich das äußerst dürre Gerippe über und über
mit bösem Grinde überzogen!!!

Wie ein schneidend Schwerdt fuhr es mir
durch die Seele, als ich bedachte, daß ich
mich wahrscheinlich in kurzem in dem nemlichen
Zustande befinden würde. „Wehe! — seufzt'
„ich bei mir selbst — so überschwenklich elend
„sollst Du noch werden, armer Lucius!„ und
schwermüthiglichst ließ ich den Kopf hängen.

In meiner angebohrnen Neugierde fand ich
noch den einzigen Trost bei so jammervollem
Leben. Sie fand beständig Nahrung, da man
sich um meiner Gegenwart willen keinen Zwang

anthat;

anthat; sondern frei sprach und handelte, wie
man nur wollte.

In der That, der göttliche Sänger der
Griechen hat Recht, wann er von seinem Hel-
den singt: Nur dadurch hab' er die höchste
Staffel menschlicher Weisheit erreichet, daß er
vieler Menschen Städte gesehn, und Sitte
gelernt hat; und so viel unnenbare Leiden
erduldet. Auch Ich habe in der Rüksicht
meinem Esel viel zu danken. Unter seiner Hülle bin ich in so mancherlei Leiden geübt,
und, wo nicht mit Weisheit, doch wenigstens
mit Wissenschaft bereichert worden. Vorzüglich verdanke ich ihm ein gar allerliebstes Hi-
störchen, welches ich Euch unmöglich vorent-
halten kann. Hier ists!

Der Beker, dem ich zugehörte, war ein
sehr guter und überaus bescheidener Mann;
hatte aber den Ausbund aller argen, garstigen
Weiber von der Welt, zur Frau. Er stand
bei ihr alles nur ersinnliche Hauskreuz aus.
Ich hatte wahrhaftig selbst mannigmal Mitleiden mit ihm in meinem Herzen. Dem abscheulichen Weibe fehlte keine Untugend, kein
Laster; alle insgesammt waren in ihrer scheuß-
lichen Seele, wie der Unrath in einem Pfule
zusammengeflossen. Sie war boshaft; grau-
sam;

sam; mannsüchtig; dem Trunk ergeben; hart-
näkig; zänkisch; geizig in schnöder Anmaßung
des Gutes andrer Leute; höchstverschwenderisch
in schändlicher Verbringung des Ihrigen; der
Ehrlichkeit gram; der Zucht feind. Dabei verachtete und verspottete sie die Götter samt der
wahren Religion. Sie bekannte sich zu einer
lästerlichen Lehre von Einem Gotte, *) den sie
für den Alleinigen ausgab; und unterm Vorwande allerlei zu beobachtender, nichtiger Ge-
bräuche hintergieng sie die Welt; betrog den
Mann; sof vom frühen Morgen an, und
hurte ohne Unterlaß.

Dieser grimmige Drache von Weibe hatte
einen Pik auf mich; ich weiß nicht warum?
Noch vor Tage, wann sie noch lange aufm
Ohre liegen blieb, schrie sie schon: „Spannt
„doch den neuen Esel an die Mühle!” So bald
sie aber aus dem Neste gekrochen, war ihre erste
Sorge, daß mir in ihrer Gegenwart das Fell
tüchtig ausgegerbt wurde. Und zur Abfutte-
rungszeit, wann schon alles ausgespannt war
und fraß, durft' ich doch ganz spät erst an die
Krippe gelassen werden. Diese ihre Strenge
machte mich um desto aufmerksamer auf ihre
Sitten.   G 3   Ich

*) Man legt dies aus, als gegen die Christen
   gesagt.

Ich hörte beständig einen jungen Menschen bei ihr ein- und ausgehen. Für mein Leben gern hätt' ich ihn ins Gesicht gesehen; nur konnt' ich nicht vor der Kappe über die Augen. Ich hätte dann schon alles anwenden wollen, die garstige Aufführung des bösen Weibes an den Tag zu bringen.

Ferner stak sie Tag täglich vom Morgen bis aufn Abend mit einer alten Vettel zusammen, welche die Unterhändlerin und Botschafts-trägerin zwischen ihr und ihren Galanen ab-gab. Wann sie mit einander gefrühstükt, und ein gutes Schlükchen zu sich genommen hatten; dann gieng's an ein Berathschlagen, wie dem guten ehrlichen Manne wieder auf eine listige Art eine Nase zu drehen sei.

So böse ich auch der Fotis, ihres Ver-sehens wegen war, daß sie mich in einen Esel, anstatt in einen Vogel, verwandelt hatte: So kamen mir dennoch die großen Ohren, wie schlecht sie auch ins Gesicht fallen mochten, außerordentlich zu Statten. Ich konnte alles und jedes wörtlich hören, was auch noch so weit von mir gesprochen wurde. Eines Tags belauscht' ich die beiden Sibyllen bei folgendem Gespräche.

»Ja,

„Ja, Madamchen, — sprach die getreue
„Vertraute — von dem sag' ich mich los!
„Haben Sie sich für ihren eignen Kopf eine sol-
„che Maztasche von Liebsten auserkohren, der
„gleich vor Furcht vergehen möchte, wann Ihr
„herzlieber Mann nur ein wenig das Gesicht
„verzieht; und so kraftlos ist, daß er schon
„nicht weiter kann, wann Ihr Verlangen erst
„recht belebt zu werden anfängt: So mögen
„Sie auch sehen, wie Sie mit ihm auskom-
„men! Dafür lobe ich mir den Philesietärus.
„Das ist ein anderer Kerl! Jung, schön, frei-
„gebig, brav; schiert der sich viel um die
„Wachsamkeit der eifersüchtigen Männer! So
„wahr ich bin! der Junge wäre werth, daß
„ihm alle Weiber ihre beste Gunst schenkten!
„Er wäre werth, eine goldne Krone zu tragen;
„wäre es auch nur um des meisterhaften Streichs
„willen, den er neulich einem solchen abgün-
„stigen Ehekrüppel gespielt hat. Hören Sie
„den einmal an, Madamchen, und urtheilen
„Sie selbst, was zwischen Liebhaber und Lieb-
„haber für ein Unterschied ist! Sie kennen doch
„hier in der Stadt den Rathsherrn Barbarus?
„Weil er eine so giftige Zunge hat, nennen die
„Leute ihn immer den Skorpion; und er hat
„ein so überaus feines, allerliebstes Weibchen,

„die

„die er wie Argus bewacht, und stets unter
„Schloß und Riegel hält. »

„Wie sollt' ich ihn nicht kennen? — ver-
„sezte die galante Bekerin — Seine Frau
„Arete, ist mit mir in die Schule gegangen. »

„O, so werden Sie auch schon, — sprach
„jene wieder — die ganze Geschichte mit dem
„Philesietärus wissen! »

„Nein! nicht Ein Wort davon — war
„die Antwort —; aber ich möchte sie wol wis-
„sen. Erzehlt sie doch von Anfange, Müt-
„terchen, ich bitte Euch! »

Damit hub das alte Plappermaul folgendermaßen zu erzehlen an.

„Dieser hochgelahrte Herr Barbarus
„hatte vor kurzem eine nothwendige Reise zu
„thun. Er wußte sein geliebtes Weib unter-
„dessen nicht besser aufzuheben; als daß er ihr
„einen von seinen Leuten, mit Namen Mirmex,
„den er immer vorzüglich treu befunden, —
„zum Keuschheitswächter bestellte. Ewiges
„Gefängniß in Ketten und Banden, und bei
„Wasser und Brod; war das Geringste was
„er demselben androhete, wo er seine Frau von
„einer Mannsperson auch nur mit einem Fin-
„ger im Vorbeigehen würde berühren lassen:
„Er schwur bei allen Göttern, das Leben würde

„er

»er ihm nehmen, und das auf die jämmerlich-
»ste, schmählichste Art! Nach solcher nachdrük-
»lichen Installation tratt er seine Reise ruhi-
»ges Herzens an; desto unruhiger aber hin-
»terließ er den armen Mirmex. Dieser lebte
»in tausend Aengsten. Keinen Schritt durfte
»Arete ohne ihn thun; wie ihr Schatten ver-
»folgt' er sie. Zu Hause beim Wollespinnen
»wich er ihr nicht von der Seite. Gieng sie
»Abends, was nicht zu ändern war, in das
»Bad; so saß er ihr immer auf den Hakken,
»und haftete, wie eine Klette, an einem Zipfel
»ihres Kleides. So gewissenhaft versah er
»sein aufgetragenes Ehrenwächteramt!

»Inzwischen war die Schönheit der Frau
»Rathsherrin zu groß, als daß sie der wachsa-
»men Aufmerksamkeit des Philesietärus lange
»hätte verborgen bleiben können; und alles,
»was er von eben dieser gepriesenen strengen
»Zucht und Hut hörte, das reizte und feurte
»ihn nur um so mehr an, alles in der Welt zu
»wagen und zu dulden, ein solches Kleinod zu
»erobern.

»Er kannte die Zerbrechlichkeit menschlicher
»Tugend; und wußte, wie vor dem Golde alle
»Hindernisse weichen, und selbst diamantene
»Thore aufspringen. Er tratt also einmal

»den

„den Mirmex an, als er ihn eben allein fand;
„entdekte ihm seine Liebe zur Arete, und flehete
„aufs rührendste: seiner Qual Linderung zu
„verschaffen! Er könne sein Leben nicht länger
„ertragen, wo er nicht bald der Erfüllung sei-
„Wünsche theilhaftig würde; Er müsse sterben.
„Was er fodere sei auch nur eine Kleinigkeit;
„Mirmex habe nicht das Geringste dabei zu
„befahren: Er wolle nur abends, unterm
„Schuz und Schleier der Finsterniß, sich allein
„bei ihm in das Haus einschleichen; keine sterb-
„liche Seele soll’ ihn sehen; und nicht länger
„als Einen Augenblik wolle er sich aufhalten.

„Bei diesen und ähnlichen flehentlichen
„Bitten aber ließ es der feine Zeisig nicht be-
„wenden; sondern er fügte noch ein Ueberre-
„dungsmittel hinzu, das da fähiger, als al-
„les, war, die mauerfeste Treue des Kerls in
„ihrem tiefsten Grunde zu erschüttern. Er
„hielt ihm nemlich die Hand hin, und ließ ihm
„daraus den Glanz schöner neugeprägter Gold-
„stüke ins Gesicht blizen; wovon zwanzig der
„Dame, ihm aber zehn mit tausend Freuden
„bestimmt wären.

„Entsezen ergrif den Mirmex bei dieser
„Zumuthung des Philesietärus, und er lief,
„als ob ihm der Kopf brennte, mit verschlos-
„senen

„senen Ohren davon. Allein der Sonnenglanz
„des Goldes hatte ihn einmal verblendet, und
„verfolgte ihn überall! So weit er auch auf
„seinen Beinen davor rannte; so fest er sich
„auch dagegen in dem Hause verschanzte: Den-
„noch stach er ihn beständig in die Augen. Im-
„mer schwebten die blanken Goldstüke vor sei-
„nem Gesichte. Immer überrechnete er den
„reichen Gewinn. Mit sich selbst in unaufhör-
„lichem Zwiste, schwankte wie an Nächen, sein
„Sinn bald hier bald dorthin. Ein Gedanke,
„Ein Vorsaz verdrängte, verjagte den Andern.
„Izt hielt ihn Treue; Izt zog ihn Habsucht.
„Dann schrekte ihn Marter; Dann lokt' ihn
„Wollust. Bis zulezt Gold über Todesfurcht
„obsiegte; denn selbst die Zeit verminderte die
„schnöde Begierde nach dem schimmernden Me-
„talle nicht! Nicht Tag, nicht Nacht fand der
„Arme Ruh. Troz der abscheulichsten Dro-
„hungen seines Herrn, war er seiner selbst
„nicht mehr Meister; es ängstigte, es drängte,
„es zwängte ihn innerlich: Er mußte endlich
„Scham und Verzug verbannen, und seiner
„Gebieterin den Antrag ihres Liebhabers hin-
„terbringen.

„Dame Arete fiel nicht ab, von dem an-
„gebohrnen Leichtsinn unsers Geschlechts. So
„fort

„fort war der Handel mit ihr geschlossen, und
„ihre Keuschheit für das verfluchte Gold ver-
„pfändet.

„Niemand war nun froher, als Mirmex;
„war es gleich auf Kosten seiner Treue.   Er
„konnte den Augenblik nicht erwarten, das
„Geld, das er zu seinem Unglüke gesehen hatte,
„nur zu berühren, je geschweige in Empfang
„zu nehmen.   Er flog zum Philesietärus; be-
„richtete ihm voller Freuden, wie sein geäu-
„ßertes Verlangen mit großer Mühe bewerkstel-
„liget sei; foderte auf der Stelle seine verspro-
„chene Belohnung; und sah sich denn endlich
„so glüklich goldene Münzen in einer Hand zu
„halten, die kaum noch eherne berührt hatte.

„Izt war es stokfinstere Nacht.   Izt
„nimmt er den wakern Liebhaber, das Haupt
„wol verhüllt, allein mit sich nach Hause,
„und führt ihn in der Arete Schlafzimmer.

„Kaum hatten sich beide Liebenden voller
„Entzüken umarmt, und, jeglicher Hülle ent-
„laden, ihrer Liebe mit aller Inbrunst lechsen-
„der Begier die ersten Opfer gebracht: Als
„wider aller Vermuthen der Herr Gemal, der
„die Nacht durch gereist war, vorm Hause
„anlanget.   Er klopft; er ruft: Niemand
„will hören.   Er wird ungeduldig; schmeißt
                                        „mit

„mit Steinen wider die Hausthüre: Es kommt
„noch Niemand. Nun kriegt er Schwans-Fe-
„dern, und schimpft und flucht auf den Mir-
„mer, und bedrohet denselben mit der schrek-
„lichsten Strafe; wo er nicht unverzüglich
„aufmache.

„Der arme Teufel, über die unglükliche
„Ueberraschung in der äußersten Verwirrung,
„wußte vor Bestürzung seinem Leibe keinen
„Rath. Doch besann er sich noch soviel, daß
„er sagte, er habe den Hausschlüssel mit so
„großer Sorgfalt verwahrt; daß er ihn nun,
„in der Dunkelheit, selbst nicht wieder zu fin-
„den wisse. Unterdessen hörte Philesietärus
„den Lerm; warf hurtig sein Kleid über; und,
„ohne an seine Schuhe zu denken, baarfuß zur
„Kammer hinaus!

„Nun kam mein Mirmer gemach mit dem
„Hausschlüssel angestochen, und schloß auf.
„Donnernd und wetternd stürzte sein Herr zum
„Hause herein, und gleich in die Schlafkam-
„mer; Philesietärus aber husch! hinter ihm
„weg, und unbemerkt und glüklich davon!

„Solchergestalt von seiner Angst gerettet,
„schloß Mirmer ruhig sein Haus wieder ab,
„und legte sich schlafen, sonder Ahndung von
„dem, was ihm anderes Tages bevorstand.

„Denn

21 „Denn als der Herr Rathsherr Barbarus
„Morgens beim Erwachen die Schuhe entdek-
„ten, welche der flüchtende Philesietärus un-
„term Bette hatte stehen lassen, verspürten
„Sie mit einmal ein so gewaltiges Juken vor
„der Stirne, daß Sie flugs aus den Umstän-
„den die Warheit muthmaßten.   Indessen fan-
„den Er. Wolweisen nicht für gut Dero Herze-
„leid weder Ihre Frau Gemalin, noch jemand
„von den Leuten merken zu lassen;   Sondern
„Sie versteken die Schuhe heimlich unter ih-
„rem rathsherrlichen Kleide,   und stellten Be-
„fehl, den Mirmex so gleich zu binden, und
„nach dem Gerichtsplaz zu schleppen.   In ho-
„her eigner Person begaben Sie sich auch da-
„hin, stillschweigend Ihren Gram unter Ihrer
„Würde verbergend; aber fest überzeugt, durch
„Hervorweisung der Schuhe Dero Ehrenschän-
„der genau auf die Spur zu kommen.

„Aber, was geschah?

„Eben wie Barbarus, das Gesicht von
„verbissener Wuth aufgeschwollen, mit dem ge-
„schlossenen Mirmex in Procession die Straße
„hinanzog; und dieser, weil sein Gewissen ihn
„verklagte, durch Heulen und Lamentiren alle
„Leute zu vergeblichem Mitleid bewegte: So
„kam Philesietärus in Geschäften die Straße
„herun-

„herunter, und ihnen gerade entgegen. Der
„erſte Blik erinnerte ihn ſo gleich an ſein geſtri-
„ges Vergeſſen. Er zweifelte nicht, daß dies
„die Folgen davon ſein. Augenbliklich rüſtet
„er ſich mit ſeiner ganzen Entſchloſſenheit und
„Gegenwart des Geiſtes; und, wie ein Pfeil,
„unter die Sklaven! und dem Mirmer mit
„großem Geſchrei, und nicht anders als ob
„er ihn auf der Stelle erdroſſeln wolle, zu
„Halſe!

„Ha! — ruft er — treff' ich Dich, Du
„Erzſchandbube? Daß Dein Herr und alle
„himmliſche Götter Dich doch für die falſchen
„Schwüre, die Du da ausſtößeſt, in den Ab-
„grund vertilgten! Du biſt ein Dieb! Du haſt
„im Badehauſe mir geſtern meine Schuhe ge-
„ſtohlen! Du ſollteſt krummzuſammengeſchloſ-
„ſen in den finſterſten Kerker geſchmiſſen wer-
„den, und wie einen Hund ſollte man Dich da
„ohne Erbarmen verreken laſſen!‟

„Der Ton der Warheit, womit er dies
„hervorbrachte, und die Kekheit mit welcher
„er ſeinen vorgeblichen Dieb behandelte, über-
„tölpelten richtig meinen Barbarus. Flugs
„machte er links um, und kehrte wieder nach
„Hauſe. Er krümmte dem Mirmer kein Haar.
„Mit lachendem Herzen gab er ihm die Schuhe,
„und

„und hieß ihn, sie ihrem Herrn wieder zu-
„stellen.

Noch redete das Mütterchen; so hub Madame Bekerin mit einem tiefen Herzensseuf-
zer an:

„Ach! glüklich, wem solcher braver Lieb-
„haber beschert wird! Mir armen Frau ist lei-
„der! nur eine feige Memme zu Theile gewor-
„den. Es braucht nicht einmal des Geklap-
„pers der Mühle; der verkappte, schabichte
„Esel da, macht ihn schon zittern und beben.„

„Nun, — antwortete die Alte wieder —
„so geben Sie sich nur zufrieden, Madamchen!
„Noch heute des Tages sollen Sie selbst so
„glüklich sein, jenen wakern Jungen in Ihre
„Arme zu schließen. Da! ich verspreche es
„Ihnen mit Hand und Mund. Auf diesen
„Abend! Sie können sich drauf verlassen.„

„Topp!„ versezte jene, und die Kupp-
„lerin trippelte fort.

*) Unterdessen war die tugendsame Bekerin
nicht faul; Sie richtete ein köstliches Mal
zu. Sie schaft herrlichen Wein an; bakt; siedet;
bratet; dekt den Tisch aufs stattlichste. Kurz
hätte sie einen Gott zu bewirthen gehabt; sie
hätte

---

*) Boccaz hat beide folgende Geschichten im Decam.
giorn. V. nov. X. nachgeahmt.

hätte sich darauf nicht besser zubereiten können,
als auf die Ankunft ihres Buhlen. Ihr Mann
war just bei einem Walker in der Nachbarschaft
zu Gaste.

Wie es Mittag ward, und ich ausgespannt wurde, um gefuttert zu werden; freuete
ich mich bei weitem nicht so sehr, daß ich nun
meiner Arbeit quitt war, als daß mir die
Augen wiederaufgebunden wurden; damit ich
frei dem schändlichen Wesen des garstigen Weibes zusehen konnte.

Bereits hatte sich die Sonne in den Ocean
getaucht, und erleuchtete die unterirdischen
Gegenden: Als die Alte, den feinen Liebling
am Arm, anmarschirt kam. Es war ein
blutjunges Bürschchen; noch glatt um's Kinn,
und selbst noch fähig stats Mädchen zu dienen.
Er ward mit den zärtlichsten Küssen empfan-
gen, und mußte so gleich bei Tische Plaz nehmen. Aber kaum daß er von Speise und Trank
zu kosten anfieng; hörte man auch schon un-
vermuthet den Mann wieder nach Hause kommen. Sein herzens Weibchen hätte ihn lieber,
ich weiß nicht wohin? gewünscht; oder daß
er Hals und Bein möchte gebrochen haben! Allein was half's? Er war einmal da. Hurtig
war sie also mit ihrem, vor Furcht leichenblas-

sen, Liebsten, unter eine hölzerne Wanne,
worin man das Getreide zu schwingen pflegte,
und die von ohngefehr da stand.   Nachdem er
also versteckt, geht sie mir nichts, dir nichts,
unverzagt ihrem Manne entgegen, und fragt
ihn, wie er denn schon so früh wieder von dem
Gastmale seines Busenfreundes heimkehre? Weh=
müthig und seufzend gab dieser ihr zur Antwort:

„Aus Ungeduld über die schändliche nie=
„derträchtige Aufführung seines verruchten
„Weibes, bin ich davon gelaufen. Ihr gütige
„Götter! wer hätte so was von einer so bra=
„ven, nüchtern Hausfrau denken sollen? Ja,
„ich schwöre es bei der heiligen Ceres, noch
„izt, da es meine Augen gesehen, kann ichs
„kaum über das Herz bringen, es zu glauben!„

Neugierig gemacht durch diese Worte,
hörte das freche Weibsstük nicht auf ihrem
Manne mit Bitten anzuliegen; ihr den ganzen
Vorfall von Anfang zu erzehlen: Bis er ihr
endlich nachgab, und also — seiner eignen
unkundig — die Schande seines Freundes aus=
schwazte:

„Stelle Dir vor, mein Kind, Freund
„Walkmüllers Frau, die immer so züchtig und
„ehrbar that, und überall im Ruf einer treuen
„Ehegattin und treflichen Haushälterin stand:
                                        „dies

„dies Weib hatte insgeheim einen Liebhaber,
„mit dem sie Ehebruch trieb. Immer stekte sie
„heimlich mit ihm beisammen, und hurte, und
„wie wir beide aus dem Bade zu Tische kamen,
„war sie gerade auch mit nichts anders be-
„schäftiget. Unsere plözliche Ankunft über-
„raschte sie; inzwischen wußte sie sich zu helfen.
„Sie stekte ihren Liebhaber unter einen geflocht-
„tenen weldnen Korb, mit Tuch behangen,
„unter welchem Schwefeldampf angemacht war,
„um ihm die gehörige Weiße zu geben: und
„wie sie denselben also, ihrer Meinung nach
„sehr sicher untergebracht hatte; gieng sie ru-
„hig mit uns zu Tische. Allein, gar übel
„war mein Herr Urian da in dem Schwefel-
„Gewölke aufgehoben! Er erstikte schier und
„fiel in Ohnmacht. Der scharfe Schwefel
„versezte ihm den Athem und kriebelte ihn so
„heftig im Gehirne; daß er einmal über das
„andere zu niesen anfieng. Mein Freund, der
„sich einbildete, es sei seine Frau — denn der
„Korb stand gerade hinter ihr — rief erst im-
„mer: Prost! Aber, wie das Ding zu oft
„kam, und gar nicht aufhören wollte: so gieng
„ihm ein Licht auf. Zurük stieß er den Tisch;
„sprang auf; nahm den Korb weg: Da fand
„er den Galan, keuchend, in den lezten Zügen!

„In

„In der äußersten Wuth, worin er über
„den ihm angethanen Schimpf gerieth, wollte
„er ein Messer nehmen, und die halbe Leiche
„noch ermorden. Allein, das hätte uns böse
„Händel übern Hals ziehen können; ich gab
„es nicht zu. Ich versicherte ihn: der Kukuk
„würde so lange nicht mehr rufen; wir brauch-
„ten uns gar seines Todes nicht schuldig zu
„machen; er würde so gleich von selbst am
„Schwefel krepiren. Doch all mein Zureden
„hätte nichts geholfen; wäre die Sache selbst
„nicht sprechend gewesen. Kaum, daß sich
„der Kerl noch regte! Dadurch ließ sich der
„Walkmüller besänftigen, und bevor der Ster-
„bende gänzlich verschied, lud er ihn auf,
„und trug ihn in das Gäßchen daneben.

„Unterdessen rieth ich seinem Weibe wol-
„meinend, sich aus dem Staube zu machen,
„und so lange irgendwo bei einem Freunde zu
„bleiben; bis sich erst der Zorn ihres Mannes
„einwenig gelegt hätte. Wo sie wartete, bis
„er zurückkäme, so stände ich nicht dafür, daß
„er nicht in der Hize so wol ihr, als auch sich
„selbst ein Leid zufügte.

„Sie folgte dem Rath. Und weil ich vor-
„aussah, daß nun weiter an kein Essen würde
„gedacht werden; so gieng ich auch fort.„

Wie

Wie der Beker auserzehlt hatte; da hätte
man Madame hören sollen, wie Sie mit na-
menloser Gleißnerei, auf das unbarmherzigste,
und in den niederträchtigsten Ausdrüken, auf
Ihr Ebenbild, auf die Frau Walkmüllerin loß-
zogen! Wie Sie sie ausschändirten!

„O! das ehrlose, das unzüchtige Mensch!
„— hieß es — Die ist ja die Schande uns-
„res ganzen Geschlechts! So mit Hintan-
„sezung aller Tugend, aller Scham, aller eh-
„lichen Treue, aus dem Hause ihres Mannes
„einen Hurenwinkel zu machen? Nein, die ver-
„dient nicht mehr den ehrenvollen Namen einer
„Frau, einer Gattin; eine Beze ist sie! eine
„Nikel!„

„Ja,— fügte sie gar hinzu:— „dergleichen
„Weiber sollten lebendig verbrannt werden!„

Inzwischen, aus Besorgniß nicht auch
noch entdekt zu werden, wenn sie ihren Herz-
geliebten noch länger in der unbequemen Lage
unter der Wanne ließe: legte sie es sehr darauf an, daß ihr Mann recht früh zu Bette
gehen möchte; Nur glükte es ihr nicht. Da
er von seinem Gastmale hungrig nach Hause
gekommen war; so bat er sich von ihr erst noch
was zu essen aus; und zu ihrem größten Leidwesen, mußte sie ihm das auftischen, was für
einen

einen ganz andern bestimmt war.   Hurtig war
sie dennoch damit da.

Das Herz that mir im Leibe weh, als ich
des garstigen Weibes vorhergehende Aufführung mit ihrer gegenwärtigen Gleißnerei verglich.   Ich sann unaufhörlich hin und her:
ob es denn nicht möglich wäre, die Betrügerin
zu entlarven, und meinem Herrn behülflich zu
sein, das saubere Bürschchen, das wie eine
Schildkröte unter seiner Wanne lag, zu ent-
decken.   Endlich, mitten in meinem Leibe über
die meinem Herrn angethane Schmach, ward
es von der göttlichen Vorsehung verhängt, daß
uns unser alter lahmer Wärter hinaus an den
See zur Tränke treiben mußte.   Dadurch gewann ich die erwünschteste Gelegenheit zur Rache.   Ich merkte, als ich mich der Wanne nä-
herte, daß sie zu schmal war, und die Finger
des Galans darunter hervorragten.   Unvermerkt that ich einen Seiten-Tritt, und stellte
und stemmte einen meiner Hufe mit solcher Gewalt auf die hervorstehende Spizen, daß ich
sie völlig zermalmte, und daß der liebe Buhle
gleich vor unerträglichem Schmerz jämmerlich
an zu krähen fieng, die Wanne von sich abwarf,
und aufsprang.   Somit war die ganze unzüchtige Scene aufgezogen!

Der

Der Beter ließ sich seine Hahnreischaft
eben nicht zu Herzen gehen; sondern mit heiterm, freundlichem Gesichte redete er das zärtliche Herzblatt seiner Frau, — das wie eine
Milchsuppe blaß, und zitternd und bebend vor
ihm stand — also an:

»Fürchte nichts böses von mir, mein
»Söhnchen! Ich bin weder ein grausamer
»Barbar, noch ein ungeschlifner Bauer. Fern
»sei es von mir, daß ich Dich in Schwefel-
»dampfe erstikte, wie dort der Walkmüller;
»Oder daß ich die Strenge der Geseze gegen
»Dich anrief und auf Leib und Leben Ehebruchs
»halber Dich anklagte. Mit einem so schmu-
»ken Jungen, als Du bist, weiß ich schon
»besser umzugehen! In Frieden will ich Dich
»mit meiner Frau; und Du sollst unser Bett
»mit uns beiden theilen. Meine Frau und
»ich haben von jeher in jener vollkommenen
»Einmüthigkeit mit einander gelebt, wovon
»die Weisen schwazen. Was ihr gefällt, ge-
»fällt auch mir. Nur hab' ich, wie billig,
»als Mann allemal den Vorrang.»

Auf diese hämische Spötterei, führte er
das Bürschchen, sehr wider seinen Willen, zu
Bette; schloß sein keusches Weib unterdessen
anderswo ein; und, allein mit ihrem Liebsten,

H 4   übte

übte er an demselben die ganze Nacht hindurch die süßeste Rache für die ihm zugedachten Hörner. Sobald aber der lichte Sonnenwagen den Tag gebahr; so ließ er zwei von den stärksten Bäkknechten hereinkommen; das Knäbelein hoch von ihnen in die Höhe halten: und nun ihm brav den Hintern ausgepeitscht!

„Wie? — sprach er dabei — Ein solcher „Gelbschnabel, ein so roziges Bübchen, das „noch selbst gemißbraucht wird; will mit sei„ner unreifen Mannheit schon den Menschern „nachlaufen? will freie, durch das heilige Band „der Ehe gebundene Weiber verführen? und so „frühe sich den Schandnamen eines Ehebre„chers erwerben? Nein! solchem Muthwillen „muß gesteuert werden!„

Unter diesen und ähnlichen Reden strafte er ihn tüchtig ab, und warf ihn darauf zum Hause hinaus. Tausend! wie trollte sich mein Abentheurer; nur froh, daß er mit dem Leben davon kam, so übel sein Steiß auch bei Nacht und bei Tage mochte zugerichtet sein!

Seiner theuren Hälfte aber schrieb der Bekker auf der Stelle den Laufpaß, und jagte sie von sich.

Dieses ohnehin erzböse Weib, ward durch diesen gerechten Schimpf dermaßen aufgebracht

und

und wild; daß sie ihre ganze Verruchtheit auf-
bot, und keinen weiblichen Kniff unversucht
ließ, sich zu rächen.   Sie gatterte eine alte
Hexe aus, welche den Ruf hatte, durch Beschwörungen und Schwarzkünsteleien alles in
der Welt ausrichten zu können; und sparte weder Bitten noch Geschenke dieselbe dahin zu bewegen: Ihren Mann entweder wieder gut zu
machen und mit ihr auszusöhnen; oder, wo sie
das nicht könnte, wenigstens ein Gespenst oder
sonst einen bösen Geist zu bannen, um denselben todt zu quälen.

Die geistermächtige Zauberin versuchte erstlich die leichten Waffen ihrer entsezlichen Kunst,
und bemühete sich, des Mannes tiefverwunde-
tes Herz zu heilen, und wieder zur Liebe zu bewegen.   Allein, da ihr dies nicht so wol, als
sie es dachte, gelang; so ward sie böse auf
die Geister; und, nicht weniger von der ihr
versprochenen Belohnung, als von der erlittenen Verachtung angereizt, fieng sie an, dem
armen Manne nach dem Leben zu trachten, und
schikte den Schatten eines gewaltsam umgekom-
menen Weibes über ihn, um ihn zu tödten.

Aber vielleicht tadelt mich hier ein krittli-
cher Leser und spricht:

H 5   „Aber,

„Aber, wie gieng es denn an, daß Du
„einfältiger Efel bei Deiner Mühle alles erfah-
„ren konnteſt, was doch die Weiber, nach
„Deinem eignen Geſtändniſſe, insgeheim vor-
„genommen haben?„

Er laſſe ſich dienen, und höre, wie es
möglich war, daß ich erzneugieriger Menſch
unter meiner Efelsmaske alles haarklein erfuhr, wie es mit meines armen Herrn Tode
zugegangen!

Es war ſo um Mittag herum, als plötzlich in der Bekerei ein altes höchſt betrübtes
Mütterchen erſchien, halbbehangen mit einer
elenden Kutte, baarfuß, bleich wie ein Tuch,
hundsmager, und das Geſicht größtentheils
verdekt von ſtraubem, gräulichem, zerrauftem
und von Aſche ſchmuzigem Haar. Sie nahm
den Meiſter freundlich bei der Hand; gieng mit
ihm in die Stube hinein, und ſchloß die Thüre
ab, als ob ſie etwas Geheimes mit einander
zu ſprechen hätten. Sie blieben ſelbander eine
geraume Zeit drinnen. Endlich war das Getreide auf den Mühlen all geworden, und da
des Zwieiſprachs noch kein Ende war; ſo traten
die Bäkknechte an die Thüre, und riefen dem
Meiſter, wieder friſches zum aufſchütten herauszugeben. Aber ſie mochten rufen ſo laut

ſie

sie wollten; kein Meister antwortete! Nun
klopfen sie, nun donnern sie an die Thüre: Es
rührt und regt sich nichts! Da ahndet ihnen
nichts Guts: Sie sprengen die Thüre mit Gewalt auf.   Als sie in die Stube treten, wo ist
das Weib? Den Meister aber sehen sie todt
an einem Balken hängen.   Da war Klagen
und Leidwesen! Man knüpfte endlich die Schleife
auf; nahm den Todten ab; wusch ihn noch zu
guter Lezt; und, als alle gehörige Leichenan-
stalten gemacht,   trug man ihn unter zalrei-
cher Begleitung zu Grabe.

Andern Tags kam seine Tochter aus dem
nächsten Städtchen, wo sie vorlängst verheirathet war, in großer Betrübniß gerannt;
zerraufte sich das fliegende Haar; und zerschlug sich die Brust mit vollen Fäusten. Zwar
hatte ihr niemand das Unglük ihrer Familie
hinterbracht; sie wußte aber alles.   Nachts
im Traume war ihr das traurige Bild ihres
Vaters, einen Strik um den Hals, erschienen;
und hatte ihr ihrer Stiefmutter schändliches
Betragen, von dem Ehebruche und den ver-
suchten Beschwörungen an, bis auf die Art
wie sie ihn durch ein Gespenst hatte erwürgen
lassen, — entdekt.   Als sie es schluchsend in

der

der Bekerei erzehlte, hörte ichs mit an. — Sind Sie nun zufrieden, Herr Splitterrichter?

Das arme Weib wollte im Leibe vergehen; so sehr schmerzte sie das Unglük ihres Vaters! Doch durch das Zureden ihrer Freunde tröstete sie sich endlich; verrichtete am neunten Tage, nach Sitte und Brauch, das gewöhnliche Opfer am Grabe des Verstorbenen; und dann stellte sie von den ererbten Sklaven, Meublen, Pferden und Eseln, eine Auction an. Alles, was bis dahin nur einem Einzigen zugehöret, ward von dem muthwilligen Glüke nun unter vielerlei Besizer vertheilt. Mich erstand ein Gärtner für funfzig Nummen. Freilich, sagt' er, wäre das theur! aber er rechne auch darauf, sich sein Brodt mit mir zu erwerben.

Ich muß hier schon beschreiben, wie es mir wieder in diesem neuen Dienst ergieng.

Morgens früh pflegte mich mein Herr mit allerhand Gartengewächs zu beladen, und nach der nächsten Stadt zu führen. Wann er allda seine Waare verkauft hatte; so sezte er sich auf meinen Rüken, und ritt mit baumelnden Füßen gemach wieder nach seinem Garten heim. Nun gieng er an seine Arbeit. Er grub, er pflanzte, er goß, und was er all mehr mit gekrümmtem Rüken zu thun hatte! Ich aber

blieb

lieb müßig, und pflegte unterdeſſen der Ruh.
So gieng es einen Tag, wie den andern; bis
endlich das kreiſende Jahr, nach der Ordnung,
alle Zeichen des Himmels bis zum Steinbok
durchlaufen; und nun, nach den Freuden des
Moſtreichen Herbſt, kalter Reif herabſank.
Dann war ſchlechte Zeit für mich! ich hatte
beſtändig von Näſſe und von Froſt zu leiden.
Mein Stall war unbedekt; ich ſtand unter
freiem Himmel. Mein Herr war ſo arm; daß
er nicht ſo viel Stroh hatte, ſich ſelbſt — je
geſchweige mir — eine Streue oder ein ſchlech-
tes Obdach zu machen. Er mußte ſich mit einer elenden Laubhütte behelfen.

Ueberdem hatte ich auch des Morgens nicht
wenig auszuſtehen, wann ich ſo mit nakten
Füßen durch den gefrornen Koth, oder auf den
ſpizen Holpern marſchiren mußte. Und hätte
ich dabei nur noch den Abgrund meines Bauches
mit gewöhnlicher Koſt ausfüllen können! Aber
leider! ſo gut warb's mir nicht! Meinem armen Herrn und mir diente zwar dieſelbe; aber
doch die allerelendeſte Speiſe zur Nahrung.
Ach! nichts denn ſchlechter, kraftloſer, in den
Samengeſchoſſener Lattich, halbverweſt vor
Alter; hart wie Beſenreis, und von faulem
gallert-

gallenbitterm Geschmake, — war unser einziges Gericht.

33   Eine Nacht, da der Mond nicht schien, und es pechfinster war, und regnete als ob es mit Molden gösse; hatte sich ein Herr aus der Nachbarschaft von seinem Wege verirrt, und, weil er ganz durchnässet, und sein Pferd nicht weiter konnte, war er in unsern Garten eingekehrt. Aus Erkenntlichkeit für die gute Aufnahme, die er in unsrer freilich schlechten, bei solchen Umständen aber, zum Schuz und zur Ruhe herrlichen Wohnung gefunden hatte; versprach er bei seiner Abreise seinem gütigen Wirthe, ihm etwas Korn und Oel, auch zwei Faß Wein zu schenken; er solle nur nach seinem Gute kommen und es abholen. Mein Herr vergaß das nicht. So bald er abkommen konnte, nahm er einen Sak und ein paar leere Schläuche, schwang sich auf meinen bloßen Rüken; und damit den angewiesenen Gütern zu, die sechzig Stadien von uns lagen. Als wir hinkamen, empfing meinen Herrn sein vornehmer Gastfreund sehr höflich und bewirthete ihn aufs vortreflichste. Indem sie aber noch zusammen beim Weine guter Dinge waren, ereignete sich ein großes Wunder.

                                                  Eines

Eines von den vielen Hühnern aufm Hofe,
lief mit lautem Gakern umher, als ob es legen wollte. Der Herr sah es, und rief: „Seh
„man nur einmal die trefliche Leghenne. Tag
„für Tag Ein Ey! Alleweile wird sie wiederle-
„gen. He, Junge! sez doch gleich dort in
„den Winkel den Korb hin, in den die Hüner
„legen!‟

Ohnerachtet der Junge sofort den Befehl
ins Werk richtete; so gieng die Henne doch nicht
auf das gewöhnliche Nest; sondern brachte dicht
vor den Füßen ihres Herrn — zu seiner nicht
geringen Bestürzung — eine zu frühzeitige Geburt hervor. Ihr denkt etwan ein — Wind-
ey? Nein! Ein völliges, förmliches Küchlein,
mit Flügeln, Füßen, Augen; das so gleich
pipend hinter seine Mutter herlief.

Hierbei blieb's nicht. Noch ein weit größer Wunder geschah; worüber jedermann mit
allem Rechte in Schreken gerieth.

Gerade unterm Tische, worauf noch die
Ueberbleibsel der Malzeit standen, that sich die
Erde auf, und sprang ein reicher Blutquell her-
vor, der die Tafel über und über bespritzte.
Und in dem nemlichen Augenblik, daß alle born-
steif vor Erstaunen da standen, und voller
Furcht die göttliche Vorbedeutung anstaunten:

kam

kam jemand aus dem Weinkeller herbeigestürzt,
und meldete, daß aller Wein, den man vorlängst auf Fässer gezogen, darin nicht anders
gähre und brause, als ob Feuer darunter wäre.
Auch wurden zu derselbigen Zeit verschiedene
Wieseln gesehen, die eine todte Schlange mit
Zähnen herumzerreten; und ein lebendiger Laub-
frosch, der dem Schäferhunde aus dem Halse
gesprungen kam; worauf der Widder, der daneben gestanden, über den Hund hergefallen,
und denselben mit Einem Biß erwürget.

Herr und Gesinde waren über diese so vielerlei außerordentlichen Ereignisse, ganz weg.
Sie wußten nicht, was sie zuerst oder zulezt
thun sollten, den Zorn der himmlischen Mächte
zu besänftigen.

Noch war alles in der ersten schreklichen
Erwartung irgend eines großen Unglüks; als
ein Bedienter vollen Laufs ankam, und dem
Gutsherrn die Nachricht hinterbrachte: daß so
eben alle seine Kinder jämmerlich ermordet wor-
ben wären. Der gute Mann hatte ihrer drei
gehabt, schon erwachsene Söhne, die er mit
solcher Sorgfalt unterrichtet und erzogen, daß
sie ihm Freude, und bei aller Welt die größte
Ehre machten. Diese Jünglinge waren Her-
zensfreunde mit dem Innehaber eines kleinen
Gut-

Gütchens, an welches, zum Unglük, die schönen weitläuftigen Besizungen eines jungen reichen Edelmanns anstießen. Des Adels seiner
Ahnen sich überhebend, hatte dieser Junker sich
einen so großen Anhang in der Stadt gemacht,
daß er thun konnte, was er wollte. Er grif
also um sich, wie ein Feind, und plünderte
anfangs die Armut seines ohnmächtigen Nach-
bars, erwürgte dessen Schafe, trieb die Ochsen weg, und tratt die Saat nieder, bevor sie
reif war. Bald, so war er nicht mehr mit
der Erndte zufrieden, er wollte auch das Land
haben. Er zettelte einen Grenzproceß an, und
nahm das Gut in Anspruch.

Hatte bis dahin der arme Nachbar zu allem stillgeschwiegen; so konnte er doch nicht zugeben, daß man ihn gänzlich auszöge, und
von seinen väterlichen Grundstäken nicht soviel übrig ließe, wohin sein Haupt zu legen.
Bei so bedrängten Umständen berief er alle seine
Freunde zusammen, um Zeugen abzugeben bei
Anzeigung seiner Grenze. Unter diesen waren
nun vorzüglich jene drei Jünglinge, die ihres
Freundes Unglük, wie ihr eignes empfanden.

Der hochadliche Tollkopf ließ durch die Gegenwart so vieler Bürger sich weder furchtsam
noch irre machen. Nicht ein Haar breit wollt'

H. Theil. J er

er von seinen Anmaßungen ablassen. Dabei
mäßigte er sich nicht einmal in Worten. Als
jene mit der äußersten Höflichkeit seine Ansprü-
che widerlegten, und geflissentlichst sich in Acht
nahmen, seinen Ungestüm auf keinerlei weise
zu reizen: Fuhr er jählings auf und that, seiner Gewohnheit nach, einen großen Schwur,
bei seiner theuren Ahnen und seiner eignen Se-
ligkeit: „Er schere sich viel um alle die Hunds-
„vötter von Mittelsmännern! Seine Leute soll-
„ten den Augenblik, ihnen zum Troz, den rup-
„pigen Nachbar bei den Ohren von dem Gute
„herunterwerfen!"

Die schimpfliche Rede verdroß jedermann,
und ganz frei versezte darauf einer der Jünglinge: „Er solle nur auf seine Reichthümer
„nicht zu sicher fußen! und gar zu sehr den un-
„umschränkten Tyrannen spielen! Noch gäb'
„es für die Armen bei den Gesezen Schuz und Ge-
„rechtigkeit gegen den Uebermuth der Reichen."

Das hieß Oel ins Feuer gegossen! Schwefel in die Glut geworfen! die Furie gepeitscht!

Der wilde Mensch schnappte über, in seiner Wuth. Er rief: „An den Galgen sollten
„sie alle, mitsamt ihren Gesezen, gehen!" und
gab Befehl, auf sie die Hirten- und Bauer-
hunde zu hezen; böse große Bestien, die sich

vom

vom Aase aufm Felde nährten, und, recht dazu
abgerichtet waren, jeden Vorübergehenden zu
zausen und zu beißen.

So bald die abscheulichen Beester durch das
Hez! Hez! der Hirten angefeurt und angereizt
sind: stürzen sie in wildem Grimme, und mit
fürchterlichem Gebelle auf die armen Leute ein,
und beißen, zerfleischen und zerreißen sie aufs
allererbärmlichste. Wehe! wen sie gleich fassen;
aber weher noch, wen sie erst nach langem Ver-
folgen erhaschen!

In dem Gewirre und Getümmel der Flucht,
gerieth der jüngste der drei Brüder ins Gedrän-
ge; stieß an einen Stein, und stürzte zu Boden. Gleich hatten die Hunde den Unglüklichen unter, und fiengen an, ihn in Stüke zu
reißen. Sein Sterbegeschrei hören, erkennen
die Brüder. Sie eilen herbei zu Hülfe. Sie
wikeln die Röke um ihre Linke, und suchen durch
Steinwürfe ihren Bruder zu vertheidigen, und
die Hunde von ihm abzujagen; Allein umsonst!
Es war der grausamen Blutgier derselben kein
Einhalt zu thun: Der Arme verschied unter ihren Bissen! Seine lezte Worte waren: „Brü-
„der, laßt an dem reichen Bösewicht Euren
„jüngeren Bruder nicht ungerächt!

Nun

Nun drangen die beiden übrigen Brüder blindlings, — nicht aus Verzweiflung, sondern aus Verachtung ihres Lebens — auf den reichen Wüterich ein; und schleuderten in der äußersten Bosheit, Steine über Steine nach ihm. Allein ohne allen Anstand schwang dieser seine Lanze, und warf sie dem Einen mitten durch die Brust. Augenbliklich verließ den Getroffenen das Leben; dennoch fiel er nicht zur Erde. Denn es fuhr das Eisen der Lanze, nachdem es Brust und Rüken durchbohret, so tief in den Boden; daß der schwingende Schaft den Leichnam in der Schwebe emporhielt.

Nach dem andern Bruder schleuderte ein großer starker Kerl von Bedienten, der seinem Herrn zu Hülfe kam, einen gewichtigen Stein. Doch, anstatt den rechten Arm zu zerschmettern, auf den er gerichtet, streifte der mattgewordene Wurf nur die äußersten Fingerspizen desselben, und fiel unschädlich zur Erde. Der Jüngling bediente sich listig dieses glüklichen Zufalls zur Rache. Er that, als sei von dem Wurfe ihm die Hand zerquetscht, und sprach also zum grausamen Reichen:

„So freue Dich denn, Du raubsüchtiger „Bluthund! freue Dich des Untergangs einer „ganzen Familie! weide Deine unersättliche „Grau-

„Grausamkeit am Blute dreier Brüder! und
„triumphire frohlokend über den Mord Deiner
„Mitbürger! Aber wisse! So sehr Du auch
„die Armen um das Ihrige betrügest, und je
„weiter und weiter Deine Grenzen hinausrü-
„kest; Dennoch wirst Du immer einen Nachbar
„haben! Und hätte mir nur des Geschikes
„Mißgunst meine Rechte nicht gelähmt; Du
„solltest izt Dein Haupt vor Deinen Füßen
„suchen!„

Durch diese höhnische Rede noch mehr er-
boßt, zog mein Meister Bandit das Schwerdt
und damit in blinder Wuth gegen den Jüngling an, um denselben eigenhändig darnieder
zu rennen. Allein, da kam er blind an! Der
Jüngling, der, zu seinem Erstaunen, nicht so
wehrlos war, als er's sich eingebildet — fieng
ihm die geschwungene Rechte auf, bemächtigte
sich seines Schwerdts, und erschlug den Nichtswürdigen mit mehreren Streichen. Dann richtete er das, vom Blute seines Feindes rau-
chende, Eisen, um sich vor desselben Bedienten zu retten, gegen sich selbst, und durchhieb
sich die Kehle.

Dies war es, was die schreklichen Wun-
derzeichen vorbedeuteten! Dies war es, was
man dem unglüklichen Vater berichtete!

Vor

Vor Leid konnte der arme Greis weder ein einziges Wort hervorbringen, noch auch eine stumme Thräne weinen. Er ergrif das Messer, womit er vorgelegt hatte, und schnitt sich damit nach seines Sohnes Beispiele mehrmal in die Gurgel; bis er vorwärts todt auf den Tisch hinsank, und mit dem Strome seines Blutes, die Flefen des Wunderbluts hinwegspühlte.

Nachdem der Gärtner das Schiksal dieses so im Hui erloschenen Hauses genugsam beklagt hatte; seufzte er schmerzlich über sein eigen Mißgeschik, und rang die Hände: nach einer theur mit Thränen bezahlten Malzeit, so weites Wegs mit leeren Händen wieder heim ziehn zu müssen! Er sezte sich auf mich, und ritt voller Trübsinns fort.

Allein auch sein Heimzug fiel unglüklich aus.

Es begegnete uns ein großer Kerl, der, dem Kleide und Ansehn nach, ein Soldat aus einer Legion war. Er fragte in seiner Sprache (auf Lateinisch) ziemlich trozig: „Wo willst Du „mit dem leeren Esel hin?" Der Gärtner verstand kein Latein, war auch viel zu sehr in Traurigkeit vertieft, als daß er auf die Anrede hätte achten sollen; ohne zu antworten ritt er

also

9,38.39.

alſo vorbei. Dadurch fand der grobe, über-
müthige Soldat ſich ſo beleidiget; daß er gleich
zu ſchimpfen anfieng, und meinen Herrn mit
ſeinem Stoke von mir herunter prügelte. Demüthiglich antwortete ihm mein Herre da:

„Er verſtehe ja ſeine Sprache nicht; un-
„möglich könne er alſo wiſſen, was er von
„ihm haben wolle!„

Nun wiederholte der Soldat ſeine vorige
Frage in gebrochnem Griechiſch: „Jk ſak, wo
„Du hinwollen mit Dein leere Eſel?„

„Nach der nächſten Stadt,„ antwortete
der Gärtner.

„Nu, glüklik Reiſ'! — verſetzte der Soldat — „aber Deine Eſel ik hier behalten; ſie
„ſolle helf aus der nächſten Schloß des Haupt-
„manns Bakaſch hole.„

Somit fiel er mir in den Zügel und zog
mich zu ſich.

Der Gärtner wiſchte ſich das Blut ab,
das ihm von den empfangenen Schlägen über's
Geſicht lief; und bat flehentlich; ihm doch aus
Erbarmen ſeinen Eſel zu laſſen.

„Kammerad! — ſprach er — Bei allem,
„was Euch je lieb und werth geweſen iſt, und
„noch ſein wird! Verfahrt glimpflich mit mir
„armen Manne; raubt mir meinen Eſel nicht!

J 4 „Es

„Es ist so mur ein faules, hartschlächtiges
„Thier, das warlich! Euch zu nichts dienen
„kann. Kaum, daß er mir eine Handvoll
„Gemüse aus meinem Gärtchen nach der Stadt
„hineinträgt: so liegt er schon keuchend darnie-
„der; je geschweige, daß er irgend eine schwere
„Last fortbringen könnte!„

Aber das half alles nichts! der Grobian
ward nur noch wilder, und kehrte gar seinen
Stok um, meinem Herrn mit der Kolbe Eins
auf den Kopf zu versezen. Wie dieser das
merkt, thut er, als wolle er ihm zu Füßen
fallen, und um sein Mitleiden zu erregen, die
Knie ihm umfassen; allein im währenden Bü-
ken zieht er ihm behend beide Füße unterm Leibe
weg, daß jener die Länge lang, plump, auf
die Erde schlägt: und nun über ihn her, und
ihm Gesicht, Hände, Rippen, waker mit Zähnen, Nägeln, Fäusten, Ellbogen, ja mit einem Steine, den er von der Straße aufnahm,
zerbissen, zerkrazt, zerfäustelt, zerbläuet!

Der Soldat, der ausgestrekt, so lang er
war, am Boden da lag, und sich weder zu
helfen, noch zu wehren vermochte; schrie nur
immer: Wann er wieder aufkäme, solle es
dem Hunde von Gärtner dafür übel ergehen!
Mit

Mit seinem Seitengewehr wolle er ihn in Koch-
tausend-Stükchen zerhakken!

Mein Gärtner ließ sich das fein gesagt sein!
nahm die Blutpritsche, schleuderte sie weit
weg, und hast Du nicht gesehen? wieder von
neuem auf den Kriegsknecht losgepaukt!

Dieser, über und über zerschlagen, braun
und blau, und blutrünstig, wußte sein Leben
nicht mehr anders zu retten; als daß er sich
todt stellte. Damit sprang der Gärtner auf,
holte sich das Seitengewehr, schwang sich auf
mich, und jagte spornstreichs in die Stadt.
Seinem Garten, ließ er Garten sein! und begab sich lieber zu einem seiner Freunde; erzählte
demselben sein Abentheuer und bat, ihm in der
Gefahr beizustehen, und ihn samt seinem Esel
auf ein paar Tage zu verbergen, damit er der
Todesstrafe entgienge. Aus alter Freundschaft
schlug dieser ihm seine Bitte nicht ab, sondern
nahm uns willfährig auf. Wir banden sie
die Füße und schleppten mich die Treppe hinauf
in ein oberes Kämmerchen. Der Gärtner aber,
kroch unten in einen Kasten, der einen Dekkel
hatte, welcher zugemacht wurde. Und so
hielten wir uns verborgen.

Mittlerweile war — wie ich nachher erfahren — der Soldat wieder aufgestanden;

J 5   und

und hatte sich, von allen empfangenen Schlägen taumelnd als ob er betrunken wäre; und
morsch und lendenlahm, — an seinem Stoke
mit Mühe und Noth nach der Stadt geschleppt.
Allein, da er sich schämte von seiner Imperti-
nenz und Bärenhäuterei irgend jemand von
den Stadtleuten etwas merken zu lassen; so
verbiß er so lange stillschweigends die erlittene
Schmach und Beleidigung; bis er sich einigen
von seinen Kammeraden anvertrauen konnte.
Diese riethen ihm: Weil er, außer der Schande
über den ihm angethanen Schimpf, auch noch
die Regimentsstrafe, wegen des eingebüßten
Seitengewehrs, zu scheuen hätte; So solle er
sich nur im Quartiere versteken; sie wollten sich
derweile alle ersinnliche Mühe geben, uns nach
den angegebenen Abzeichen ausfindig zu machen,
und ihn zu rächen.

Leider! hielten sie Wort. Ein hundsvött-
scher Nachbar verrieth unsre Herberge. Gleich
giengen die Schurken zum Magistrat, und gaben vor: „Aufm Marsche sei ein silbernes Ge-
„fäß von großem Werthe ihrem Hauptmanne
„verloren gegangen; ein gewisser Gärtner habe
„es gefunden, wolle es aber nicht wieder her-
„ausgeben, sondern verberge sich bei einem
„seiner Freunde. „

Der

Der Magiſtrat hatte nicht ſobald, den
Verluſt und den Nahmen des Hauptmanns vernommen; als er in ſelbſt eigner Perſon vor
unſrer Thüre war, und unſerm Wirthe mit
lauter Stimme anbefal: „Unverzüglich uns
„herauszugeben; man wiſſe zuverläſſig, daß
„wir in ſeinem Hauſe verborgen wären! Wo
„nicht; ſo würde man ihn für ſtraffällig an-
„ſehen.„ —

Doch unſer Wirth, dem es Ernſt war,
ſeinen in Schuz genommenen Freund zu retten,
— ließ ſich nicht ins Bokshorn jagen; ſondern verleugnete uns kek.

„Es wären ſchon verſchiedene Tage, ſagt
„er — daß er den Gärtner nicht mit Augen
„geſehen hätte.„

Die Soldaten widerſtritten es ihm, und
ſchwuren beim Kaiſer: „Bei ihm und nirgends
„anders ſei derſelbe verborgen!„

Demohnerachtet beharrte jener auf ſeiner
Ausſage; alſo beſchloß der Magiſtrat, durch
Hausſuchung hinter die Warheit zu kommen.
Bedelle und andere Gerichtsdiener wurden ins
Haus geſchikt, mit Befehl, alle Winkel gefliſ-
ſentlich zu durchſuchen. Dieſe kehrten aber
nach einer Weile zurük und referirten: Es ſei
im

im ganzen Hause weder Mensch noch Esel an-
zutreffen.

War vorher schon gestritten worden, - so
gieng es nunmehr auf beiden Theilen noch hef-
tiger los.

„Es ist nicht wahr! — schrien die Sol-
„daten, — Sie haben nicht recht zugesehen!
„Der Spizbube muß drinnen steken; wir be-
„schwören es beim Kaiser!„

„Bei allen Göttern! er ist nicht bei mir!
„— gab's unser Wirth zurük — Wenn er
„da wäre, würde ich ihn gewiß nicht ver-
„leugnen!„

Ueber dem lauten Gezänke warb ich neugierig zu sehen, was es denn unten gäb? und
machte einen langen Hals und stekte die Nase
zum Fenster hinaus. Unglüklicherweise mußte
sich in dem Augenblik eben einer von den Soldaten umsehen, und meinen Schatten in die
Augen kriegen!

„Ha, was seh ich denn da? — rief er so
„gleich seinen Kammeraden zu — Schaut des
„Esels Schatten! Guk Esel!„

Damit sprangen flugs einige nach mir die
Treppe hinauf; pakten mich an, und schleppten mich wie einen Gefangenen hinunter.

Nun hatte aller Streit ein Ende!

Ein

Ein jeder gieng und suchte im Hause herum, ob er den Gärtner nicht auch entdeken
könnte; bis man denselben endlich in seinem
Kasten fand. Der arme Teufel ward sehr unsanft aus seinem Schlupfwinkel gezogen; so
fort dem Magistrate überliefert, und auf Leben und Tod ins Gefängniß geführt.

Jedermann wollte sich über mein possierli-
ches Herausguken zum Kapfenster todt lachen;
und Guk Esel! und Schaut des Esels Schatten! wurden von der Zeit an als sprichwört-
liche Ausrufungen gebraucht, wann jemand
sich irgend worin aus Vorwiz oder Einfalt
selbst verrieth.

Der

Der Goldne Esel.

Zehntes Buch.

Ich weiß nicht, was den folgenden Tag aus meinem armen Herrn, dem Gärtner, geworden sein mag; denn der Soldat, der, seiner überschwänklichen Grob- und Frechheit halber, so brav war ausgeprügelt worden, — zog mich, ohne jemandes Widerrede, aus meinem Stalle, und führte mich, wie es mir vorkam, nach seinem eignen Quartier. Nachdem er mich allda mit seiner Bagage bepakt, und recht militärisch ausgeputzt und gerüstet hatte — nemlich alle seine Waffen, wie es bei der Armee gehalten wird, überm Gepäke oben sehr zierlich angebracht, den blizenden Helm, den spiegelnden Schild, ja so gar auch eine baumlange Lanze, die er nach der Regel zwar nicht brauchte, sondern nur den armen Reisenden zum Schreken führte — begab er sich mit mir auf den Marsch.

Nach einem nicht allzu mühsamen Weg durch eine Ebene, gelangten wir zu einem
Städt-

Städtchen, wo wir in keinen Gasthof, son‐
dern in die Wohnung eines Rittmeisters ein‐
kehrten. Der Soldat empfahl mich einem
Knechte und verfügte sich hurtig zu seinem
Obersten.

Ich erinnere mich, daß sich nach einigen
Tagen daselbst eine höchstgottlose Geschichte zu‐
trug; die ich hier einrüken will, damit Ihr
sie auch erfahrt.

Unser Hausherr hatte einen treflich unter‐
richteten, und, dem zufolge, höchst tugend‐
haften und bescheidenen Sohn — möge der
Himmel einem jeglichen von Euch einen ähnli‐
chen bescheren! dieses jungen Menschen Mutter
war schon vorlängst verstorben; der Vater
hatte ihm aber eine Stief‐Mutter gegeben, mit
welcher er noch einen Sohn gezeugt, der bereits
über zwölf Jahr alt war.

Es sei nun, daß diese Dame (die über‐
haupt im Hause mehr ihrer Schönheit, als
ihres Charakters wegen geachtet wurde) von
Natur unzüchtig war; oder daß nur ihr böses
Geschik sie zu der äußersten Schandthat hintrieb:
Genug, sie warf ein Auge auf ihren Stief‐
sohn. — Mache Dich nunmehr, bester Le‐
ser, nicht auf ein Lust‐; sondern auf ein Traur‐
spiel

spiel gefaßt! Anizt verlasse ich die Soken und
gehe auf Kothurnen einher. —

Anfangs, als das erste zärtliche Verlangen in das Herz der Dame einschlich, und sanft
ihre Wangen röthete, bekämpfte sie es zwar
und unterdrükte es stillschweigends: Allein, als
endlich der Liebe ganze Glut unbändig in ihrem
Innern tobte; da verließen sie die Kräfte, und
sie erlag unter der Gewalt der Leidenschaft.

Sie stellte sich unpäßlich und verbarg die
Wunde ihrer Seelen, unter einer vorgegebenen
Krankheit des Leibes. Wie leicht dieß sei, weiß
einjeder; da Kranke und Liebende einander nicht
allein im schmachtenden Ansehen, sondern auch
im übrigen Befinden, vollkommen ähnlich sind.
Todtenbleich war ihr Gesicht; ihre Augen matt,
es zitterten ihre Knie. Sie schlief äußerst unruhig, und stönte ohne Ende.

Man glaubte, sie habe das Fieber. Nur,
daß sie auch weinte!

O der blödsinnigen Aerzte! Nicht zu merken, was ein heftigschlagender Puls, eine innere Hize, ein schwacher Athem, ein öfteres
Herumwerfen von einer Seite zur andern, an-
deuten! Doch braucht's, Ihr güte Götter,
der Arzeneikunde so wenig, und nur einigermaßen Bekanntschaft mit der Liebe, um das

Räth-

Räthfel einer, fonder körperliche Hize, bren-
nenden Kranken, auf den erften Blik zu errathen!

Aufs äußerfte getrieben vom Uebermaße
ihrer Leidenfchaft, entfchloß fich zulezt die Dame das lange gehaltene Stillfchweigen zu brechen. Sie ließ den Gegenftand ihrer Liebe,
ihren Stieffohn — ach! daß fie ihn mit keinem andern Namen benennen konnte, um nicht
zu erröthen! — zu fich rufen. Er kam fo-
fort, dem Befehle feiner kranken Stiefmutter
gehorfam, und mit einem männlichen Ernft
trat er in das Schlafgemach der Gattin feines Vaters, und der Mutter feines Bruders.

Sie, die Augenbliks zuvor fo feft entfchlof-
fen war, das Geftändniß ihrer Liebe zu wagen; verfank izt mit einmal wieder in die alten Zweifel und Bedenklichkeiten. Noch einmal fträubte ihre Tugend fich. Sie hat das
Herz nicht mehr Ein Wort von dem hervorzu-
bringen, was ihr vorher zur gegenwärtigen
Unterredung fchiklich gefchienen. Sie weiß
nicht was fie fagen foll. Sie ftammelt. Sie
ftokt.

Mit niedergefchlagenen Augen kam der
Jüngling, dem noch nichts böfes ahndete, ihrer
Verlegenheit, durch eine Erkundigung nach der
Urfache gegenwärtiger Krankheit, zu Hülfe.

Nun hat sie wieder Mut, die unglükliche Gelegenheit der Einsamkeit zu nuzen. Sie bedekt sich das Gesicht mit ihrem Kleide, und unter einem Strom von Thränen spricht sie also mit zitternder Stimme:

„Wisse, die einzige Ursache und Quelle meines Leidens, so wie das einzige Rettungs-mittel meines Lebens und meiner Wolfahrt: bist allein Du! Deine Augen sind ach! durch die Meinen in mein Herz gedrungen, und haben mein innerstes Mark entzündet. O erbarme Dich meiner, die um Dich stirbt! und verbanne die Furcht vor Deinem Vater: erhältst Du ihm doch seine sterbende Gattin! Ach! ich liebe Dich blos, weil Du sein wahres Ebenbild bist; und ich liebe Dich mit Recht! Nuzze nur Zeit und Gelegenheit; und sei außer Sorge! Wir sind allein; Ungewußt ist ungethan!‟

Bestürzt über diese unerwartete Zumuthung, stuzte der Jüngling. Der bloße Gedanke, sich so sträflich an seinem Vater zu vergehen, machte ihn im Herzen schaudern: Dennoch faßt' er sich, und um durch unzeitige Strenge seine Stiefmutter nicht aufzubringen, suchte er lieber durch leere Versprechungen sie zu täuschen. Er beschwor sie, sich nur vor

der

der Hand zu beruhigen, und für ihre Gesund-
heit und Wiederherstellung Sorge zu tragen;
bis durch irgend eine Reise sein Vater ihnen
freiere Gelegenheit gäbe, ihre beiderseitige
Wünsche zu vergnügen. Und schüchtern floh
er der Verführerin aus den Augen.

Um sich bei diesem unglüklichen Vorfalle
desto besser zu berathen, verfügt' er sich sogleich
zu seinem alten vormaligen Hofmeister, einem
Manne von bewährter Klug- und Rechtschaffenheit. Nach langer Ueberlegung, schien ihnen nichts heilsamer, als durch eine schnelle
Flucht dem Ungewitter zu entgehen, welches
das zürnende Glük zusammenzöge.

Inzwischen die Dame liebte viel zu heftig,
als daß sie den mindesten Verzug hätte leiden
können! Nur allzu bald hatte sie durch irgend
eine unbegreifliche List, ihren Gemal dahin be-
wogen, nach seinen entlegendsten Gütern eine
Reise zu unternehmen: Und kaum daß er fort
war, so überließ sie sich den Taumel ihrer üp-
pigen Hofnung, und foderte vom Jünglinge
die Erfüllung seines Versprechens.

Unter bald diesem, bald jenem Vorwande
wußte der Jüngling ihr eine Zeit lang auszu-
weichen. Sie merkte aber endlich aus seinen
mannigfaltigen Antworten nur gar zu deutlich,

wo er hinaus wollte.　Und dieß merken, und ihre abscheuliche Liebe in einen noch weit abscheulichern Haß verwandeln, war Eins.

Sie macht einen Sklaven, der ihr von Hause war mitgegeben worden, einen erzverruchten Bösewicht, zu ihrem Vertrauten, und geht mit demselben über ihre gottlose Absichten zu Rathe.　Nichts schien ihnen besser, als den armen jungen Menschen aus dem Wege zu räumen.　Also gieng der Gaudieb gleich, holte das geschwindeste Gift, mischt' es mit Wein, und hielt es zu desselben Hinrichtung bereit.

5 Allein, während sie noch zusammen über die Art und Weise berathschlagen, wie es dem armen Unschuldigen beizubringen sei; kommt der jüngere Bruder desselben, der Dame leiblicher Sohn, nach den Frühstunden aus der Schule heim.　Es durstete ihn, weil er eben gegessen hatte.　Er sieht den Wein, läßt sich ja nicht einfallen, daß Gift darinn gemischt sei, und trinkt ihn rein aus.

Kaum hatt' er den, seinem Bruder bereiteten Trank hinunter, so sank er geistlos zur Erde.　Erschrekt durch einen so plötzlichen Tod, erhob der Hofmeister ein so jämmerlich Geschrei, daß Mutter und Gesinde hinzulief.　Es war klar, daß der Wein vergiftet gewesen, doch
niemand

niemand wußte, wem die Schuld davon bei-
zumeſſen? Einer hatte den andern in Verdacht.
Das grauſame Weib verrieth ſich nicht.   Ja,
als ein ächtes Muſter ſtiefmüttriſcher Bosheit,
ließ ſie ſich nicht vom herben Tode ihres rechten Sohnes, nicht vom Bewußtſein eines Meu-
chelmords, nicht vom Unglüfe ihres Hauſes,
nicht von dem Schmerze rühren, welchen der
Verluſt ſeines Kindes dem Vater verurſachen
mußte; Sondern einzig darauf bedacht, aus
dieſem unglüflichen Zufall für ihre Rache Vortheil zu ziehen: Schifte ſie hurtig einen Läufer
an ihren Gemal ab, der ihm die Botſchaft von
der Ermordung ſeines Sohnes hinterbringen
mußte; Und als der unglüfliche Vater auf dieſe
traurige Nachricht in aller Geſchwindigkeit nach
Hauſe zurüfgekehrt — klagte ſie mit teufliſcher
Ruchloſigkeit ihren Stiefſohn bei demſelben an:
Mit ſeinem Gifte ſei, ihr Sohn vergeben
worden.

In der That war dies keine Lüge, da der
Knabe an dem Gifte geſtorben, daß eigentlich
dem Bruder zugedacht geweſen.   Doch alſo
wollte ſie es nicht verſtanden wiſſen.   Ihr
Stiefſohn hatte ihr in ihrer ſträflichen Begierde
nicht zu Wille ſein; hatte an ſeinem Vater nicht
zum Blutſchänder werden wollen: Für einen

K 3   Bruder-

Brudermörder soll' er also angesehen werden!
Und hiermit noch nicht zufrieden, sezte sie hin=
zu: Sie selbst, drohe er, mit seinem Schwerdte
zu durchbohren; wo sie nicht verschwiege, was
er ihr schändliches zugemuthet.

Dem armen Rittmeister brach das Herz
vor Gram über den Verlust seiner beiden Söh=
ne; denn beider sah er sich schon im Geiste ver=
lustig: Der jüngste lag auf der Bahre; und
der ältste, Brudermords und Blutschande schul=
dig, hatte nur allzu gewiß sein Leben ver=
wirket.

Doch die verstellten Klagen seiner leider!
zu zärtlich geliebten Gemalin besiegten bald in
ihm das Vaterherz, und flammten ihn so sehr
mit dem äußersten Haß gegen sein eigen Blut
an: Daß, — so bald nur die Leichenbestat=
tung seines Jüngsten vollbracht war — Er, das
Gesicht von noch frischen Thränen beströmt, das
graue Haar von Asche beschmuzt, gerades
Wegs nach dem Gerichtplaz hinlief; und —
unbewußt des entsezlichen Betruges seiner Frau
— mit Thränen, mit fußfälligen Bitten, kurz
mit dem heftigsten Affekt die Richter um Rache
gegen seinen einzigen Sohn anflehete, indem
er mit der innigsten Wehmut denselben öffent=
lich anklagte: „Er habe das Bett seines Va=

»ters

»ters mit Blutschande befleft; Meuchelmord
»an seinem Bruder verübt; und seiner Stief-
»mutter den Tod angedrohet!«

Der Anblik des jammernden Greises er-
regte bei Rath' und Volk, so viel Mitleid,
daß man, aus Unwillen gegen den Angeklag-
ten, alle Form Rechtens als langweilig und
überflüßig verwarf; und, ohne die nöthigen
Beweise des Klägers, noch die förmliche Ver-
theidigung des Beklagten anzuhören, — ein-
stellig schrie: »Zu Tode gesteinigt das Unkind!
»Zu Tode gesteinigt den Auswurf der Natur!«

Inzwischen der Oberrichter, der nicht ohne
Grund befürchtete, es möchte endlich aus diesen in seinem Anfange unbedeutenden Unwillen;
ein Unfug entstehen, der sowol für ihn selbst
als für die bürgerliche Ordnung und für die
ganze Stadt verderblich werden könnte: Wi-
dersezte sich laut diesem raschen Ausspruche. Er
erhob sich und ersuchte höflichst seine Herren
Collegen, den Bürgern aber gebot er ernstlich:
»Die Sache, nach der Väter Weise, zur ge-
richtlichen Erörterung gedeihen zu lassen. Es
gezieme sich keinesweges einen Ausspruch zu
thun, bevor nicht die Gründe und Gegengründe
beider Partheien kaltblütig geprüft wären. Er
würde nimmermehr zugeben, daß jemand bei

K 4 ihnen

ihnen, wie bei wilden barbarischen Nationen,
oder bei selbstherrscherischen Tyrannen, un-
verhörter Sache verurtheilt, und der Welt
mitten im Frieden ein so abscheuliches Beispiel
von Ungerechtigkeit gegeben würde!»

Diese kluge Vorstellung war nicht frucht-
los. Augenbliflich erhielt der Herold Befehl,
auszurufen: »Die erwählten Väter sollten zu
»Rathe sitzen!»

Sobald ein jeglicher nach seinem Range
Plaz genommen, trat abermals auf des
Herolds Ruf der vorige Ankläger auf. Auch
der Beflagte ward vorgeladen und eingeführt;
und, wie im Marsgerichte zu Athen *), ward
den Sachwaltern angedeutet: sonder Einlei-
tung in die Reden, und ohne Erregung der Lei-
denschaften, zu sprechen!

Daß sich dies alles so zugetragen, weiß
ich aus verschiedenen Gesprächen, die ich mit
anzuhören Gelegenheit hatte. Mit welchen
Worten aber Ankläger seine Klage vorgebracht,
und wie Beklagter sich dagegen vertheidiget;
ferner ihre gegenseitige Repliken, Dupliken,
Tripliken, weiß ich nicht, da ich nicht selbst
dabei zugegen gewesen, sondern daheim an
meiner Krippe blieb; und was ich nicht weiß
kann

*) Im Areopagus, dem höchsten Gericht zu Athen.

kann ich Euch auch nicht erzehlen. Doch was
ich sonst erfahren, will ich treulich hier nie-
derschreiben.

Nachdem der Wortwechsel beider Partheien
ein Ende genommen, that der Rath folgenden Spruch: „Die Wahrheit so schwerer Be-
schuldigungen sei durch gründliche Beweise an
den Tag zu legen; Verdacht und Muthmaßung
allein, sein nicht hinlänglich. Kläger müsse
nothwendig den Sklaven stellen, der ganz allein
um die Sache wissen solle.„

Es geschah.

Allein dieser Schurke, den weder der un-
gewisse Ausgang dieses großen Gerichts; noch
der Anblik der hochansehnlichen Rathsversamm-
lung; oder sein böses Gewissen — aus der
Fassung zu bringen vermochten: erzehlte lauter
selbst erdichtete Lügen her, die er für die wirk-
liche Wahrheit ausgab. Er sagte aus:

„Der Jüngling habe aus Unwillen, daß
er bei der Stiefmutter kein Gehör gefunden, ihn
zu sich gerufen; habe, um an derselben sich zu
rächen, ihm aufgetragen, ihren Sohn umzu-
bringen; habe ihm eine große Belohnung für
seine Verschwiegenheit versprochen; habe, auf
seine Weigerung, ihn zu erstechen gedrohet;
habe ihm eigenhändig zubereitetes Gift gegeben,

K 5 um

um es seinem Bruder bei zu bringen; habe aber
endlich aus Verdacht, als zaudere er nur mit
der Vergebung um ihn zu verrathen, — dem
Kinde den Giftbecher mit eigner Hand gereichet. »

Nach dieser, mit aller Wahrscheinlichkeit
ausgeschmükten und mit verstellter Furcht vor-
gebrachten, Aussage des Bösewichts; schritt
man zum Rechtsspruch.

Keiner der Richter blieb dem Jüngling gün-
stig genug, um ihn nicht, als offenbar über-
führt, zum Säken zu verurtheilen.

Bereits sollten die Stimmtafeln, die insgesammt mit dem Zeichen der Verdammung be-
schrieben waren, nach uralter Sitte in die eherne Urne geworfen werden.   Dies gethan, wäre
das Schiksal des armen Beklagten unwiederruf-
lich entschieden gewesen, und er wäre unverzüglich den Händen des Nachrichters, zur Voll-
ziehung des Urtheils, überliefert worden.

Allein ein alter, grauköpfiger, biderer
Rathsherr, ein Arzt von anerkannter Geschiklichkeit — hielt mit der Hand die Oefnung der
Urne zu, damit niemand seine Stimmtafel hin-
einwürfe, und sprach also zur Versammlung:

»Da Sie, meine Herren, mich in diesem
»hohen Alter mit Ihrer Achtung beehren; freue
»ich mich, daß ich so lange gelebt habe; und
»um

„um so weniger kann ich anizt zugeben: daß
„an diesem fälschlich beschuldigten Jüngling
„ein offenbarer Meuchelmord begangen werde;
„noch daß Sie, von einem nichtswürdigen
„Sklaven belogen, wider Eid und Pflicht rich-
„ten.   Religion und Gewissen fodern von mir
„Gerechtigkeit.   Hören Sie, wie sich die Sa-
„che eigentlich verhält!

„Vor kurzem kam der Schurke da (auf
„den Sklaven zeigend) zu mir, und bot mir
„hundert Goldstüke, wenn ich ihm das aller-
„schleunigst wirkende Gift verkaufen wollte;
„Es sei für einen Kranken, der unsäglich an
„einem unheilbaren Uebel leide, und sich da-
„durch von der Qual des Lebens befreien wolle.
„Ich merkte zwar bald, aus dem übeln Zusam-
„menhang seiner Reden, Unrecht; gleichwol
„gab ich ihm einen Trank; doch nahm ich Hin-
„sicht auf die darauf zu erwarten stehende Un-
„tersuchung, und nahm das mir gebotene Geld
„nicht so schlecht weg an; sondern sagte: Da
„leicht eins von den Goldstüken unwichtig oder
„falsch sein könnte: so möchte er sie mir lieber
„mit seinem Petschierringe in dem Beutel ver-
„siegeln; morgen wollten wir sie zusammen in
„Gegenwart eines Wechslers untersuchen.   Er
„that's; und er ist gefangen! So bald dieser
„(auf

„(auf den Jüngling zeigend) vor Gericht gefo-
„dert wurde; schikte ich gleich in aller Geschwin-
„digkeit jemand von meinen Leuten nach diesem
„Gelde. Hier ists; ich zeige's öffentlich vor!
„Lassen sie's ihn besichtigen, meine Herren; ob
„er es nicht am Siegel für das Seinige erken-
„nen wird? Und dann frage ich: Hat dieser
„Kerl das Gift von mir gekauft; wie kann
„denn der Jüngling des Brudermordes bezüch-
„tiget werden?„

　　Damit ergrif den Bösewicht ein mächtiges
Zittern und Beben; an die Stelle seiner lebhaf-
ten Gesichtsfarbe, trat schrekliche Todtenblässe;
und ein kalter Schweiß floß ihm über alle Glieder. Nicht einen Augenblik stand er stille vor
Unruh; bald krazte er sich hier, bald da im
Kopfe. Er murmelte unverständliche Worte
zwischen den Zähnen daher; oder schwazte lauter dummes Zeug.

　　Alle Welt erkannte ihn straks für schuldig.

　　Inzwischen es wurde nicht lange, so hatte
sich der Ruchlose wieder ermannet. Er läug-
nete alles, und hieß den Arzt mit der größten
Hartnäkigkeit lügen.

　　Der alte ehrliche Arzt, den Eid und Pflicht
zur Gerechtigkeit verbanden, und der so öffentlich seine Rechtschaffenheit in Zweifel ziehen sah;
　　　　　　　　　　　　　　　　　　wendete

wendete alle ersinnliche Mühe an, den verstok-
tem Bösewicht zu widerlegen. Umsonst!

Endlich bemächtigten sich, auf des Raths
Befehl, die Gerichtsdiener des Schelmes Hände,
und fanden ein eisernes Pitschier, das mit dem
Siegel des Beutels zusammengehalten wurde.
Beider vollkommene Uebereinkunft bestärkte den
vorgefaßten Verdacht.

Nun ließ man, wie es der Gebrauch bei
den Griechen ist, Folter-Rad und -Bank her-
beibringen; und that, als solle der Missethä-
ter hinaufgespannt werden. Doch es rührte
ihn nicht! er blieb standhaft. Ja, mit Feuer
und Geißel sezte man ihm zu; aber auch das
vergebens! er gestand kein Wort.

„Ich werde nimmermehr dulden, — sprach
„darauf der Arzt — warlich! ich werde nicht
„dulden, daß die Unschuld wider Recht und
„Gerechtigkeit den Tod leide; während der Zeit
„dieser Bösewicht, unsres Urtheils spottend,
„seiner wolverdienten Strafe entrinne! Sehen
„Sie hier, meine Herren, ein neues untrügli-
„ches Kennzeichen der Wahrheit meiner
„Aussage!

„Als der gottlose Schurke da zu mir kam,
„das heftigste Gift zu kaufen, so glaubt' ich:
„es gezieme sich nicht für mich und meines Glei-
„chen,

„chen, irgend jemand etwas zu geben, das
„ihn tödten könne; da die Medizin, dem Men-
„schen das Leben zu erhalten, erfunden ist;
„nicht aber, es ihm zu rauben. Ich fürchtete
„indessen auch, wenn ich ihm sein Begehren
„geradezu abschlüge, so möcht' ich, durch diese
„unzeitige Weigerung, nur desto mehr zur
„Vollbringung seiner vorhabenden Schandthat
„beitragen; indem er unfehlbar, entweder an-
„derwärts tödtliches Gift kaufen, oder auch
„wol mit einem Dolche oder andern Gewehr
„seinen bösen Anschlag ausführen würde. Also
„gab ich ihm nicht Gift; sondern nur Alraun,
„die, wie bekannt, einen plözlichen, tobähn-
„lichen Schlaf wirket. Er weiß das nicht der
„Bösewicht. Im Wahne nun, daß er sich
„wirklich des Todes schuldig gemacht; nimmt
„er lieber mit der Folter fürlieb, als daß er
„bekennen sollte. Inzwischen, hat das Kind
„den von meinen Händen zubereiteten Trank
„bekommen; so ist es nicht todt! Es ruhet nur;
„es schläft! Rüttelt es; der schwere Schlum-
„mer wird so gleich verfliegen, und es wird wie-
„der zum Tageslichte hervorgehen. Falls es
„aber nicht wieder erwacht; Falls es jenen ewi-
„gen Todtenschlaf schläft: So hat es mit der
„Ursache seines Todes eine andere Bewandniß.
„Untersuchen Sie!„   Die

Die Rede des alten Graukopfs erhielt Beifall.   Man gieng straks in großer Eil zum
Grabmale, wo der Körper des Kindes war
beigesezt worden. Kein einziger von den Raths-
herren; kein Vornehmer; kein Geringer, blieb
zurük.   Die Neugier trieb sie alle dahin.

Mit eignen Händen hob der Rittmeister
selbst die Deke des Sarges ab.   So wie er
das Kind rüttelte, siehe! so ermunterte es sich
aus dem Schlafe und stand vom vermeinten
Tode wieder auf! Entzükt fiel ihm der Vater
um den Hals; zeigte seinen wiedererhaltenen
Sohn mit lallender Freude dem Volke, und
trug ihn, eingehüllt in Leichentücher wie er war,
auf seinen Armen vor Gericht.

Die Schandthat des ruchlosen Sklaven
und der noch ruchlosern Stiefmutter wurde nunmehr entdekt, und die nakte Wahrheit kam an
den Tag.   Das Weibsbild wurde auf ewig
ins Elend verwiesen; der Sklave aufgehenkt;
dem biedern Arzt aber wurde mit allgemeiner
Uebereinstimmung der mit Gold angefüllte Beutel zugestanden, für den so sehr zur gelegenen
Zeit angebrachten Schlaftrunk.

Also endigte sich, zu nicht geringer Ver-
herrligung der göttlichen Vorsicht, diese so
verworrene tragische Begebenheit des alten Rittmeisters,

meisters, der sich in so kurzer Zeit völlig Kin-
derlos, und wiederum, als Vater zweier
Söhne, sah.

Was mich betrift, mit mir spielte das
Schiksal ferner also:

Der Soldat, der mich weißgekauft hatte,
mußte, aus schuldigem Gehorsam gegen die
Ordre seines Obersten, einen Brief an den al-
lergroßmächtigsten Kaiser nach Rom bringen,
und für eilf Denar verhandelte er mich, nebenan,
an zwei Brüder, die beide Einem reichen Herrn
dienten; der Eine als Brod-Zuker-und Paste-
ten-Beker; der andere als Leib-Mund-und
Magen-Koch.   Sie wohnten und wirthschaf-
teten selbander auf Einem Zimmer, und kauf-
ten mich zum Tragen der Geräthschaft, welcher sie, auf der Reise ihres Herrn durch verschiedene Länder, nöthig hatten.

Nie ist mir das Glük holder gewesen, als
da ich der Stubengesell dieser zwei Brüder war.
Abends, wann ihr Herr abgespeiset hatte,
brachten sie gewöhnlich eine Menge delikater
Schüsseln von der reichlich besezten Tafel in
ihre Zelle getragen; der Eine, Ueberbleibsel von
Scheinfleisch, von jungen Hühnern, von Fi-
schen, und dergleichen Lekerbissen mehr; der
Andere, Brodt, Gebaknes, Pasteten, Tor-
ten,

ten, Konfekt die Fülle. Darauf giengen sie
ins Bad, um sich zu erquiken, und schlossen
mich bei allen den Näschereien ein; wovon ichs
mir den gar vortreflich schmeken ließ. Denn
so dumm, und ein so wahrer Esel war ich nicht,
daß ich des Himmels liebliche Gaben hätte ver-
schmähen, und an dem spröden Heue mich hätte
halten sollen!

Lange gieng mir mein verstohlnes Handwerk glüklich von statten; weil ichs mit Vorsicht und Bescheidenheit trieb. Ich begnügte
mich von dem ansehnlichen Vorrathe allemal
mit wenigem; und meinen Herren fiel es nur
nicht ein, daß sie Mißtrauen in mich zu sezen hätten.

Allein, als ich je mehr und mehr Vertraun
gewann, unentdekt zu bleiben; und immer das
Wolschmekendste wegnaschte, und das Schlech-
tere liegen ließ: Da wurden meine Brüder aufmerksam. Zwar von mir ließ sich noch keiner
von ihnen so was träumen; doch paßten sie
scharf auf, wer sie alltäglich so bestehlen möchte? Ja, sie beargwohnten sich so gar untereinander selbst, und jedweder bemerkte, über-
zälte und bezeichnete sein Theil auf das aller-
genaueste.

II. Theil,   &   End-

Endlich riß dem Einen die Geduld aus:
„Iſts wol billig? iſts wol zu verantworten
„— ſprach er zu ſeinem Bruder — daß Du
„mir täglich erſt das Beſte von meinem An-
„theile wegſtiehlſt, es verkauffſt, und das Geld
„für Dich heimlich zurüklegſt: Und dann noch
„mit mir in gleiche Theile gehen willſt? Höre!
„Steht's Dir nicht mehr an, in Compagnie
„mit mir zu bleiben: Gut! Wir können ja in
„allem übrigen Brüder ſein, und haben nur
„die Gemeinſchaft unter uns aufgehoben. Denn
„das ſehe ich wol ein: Wenn nicht bald den
„Klagen über die Vertheilung unter uns abge-
„holfen wird; ſo nimmt unſre Freundſchaft
„noch ein Ende mit Schreken.„

„Nun, das iſt wahr, — entgegnete der
„Andere — das nenne ich mir eine edle Un-
„verſchämtheit! Du bemauſeſt mir Tag vor
„Tag meine Portion, und während daß ich in
„der Stille darüber ſeufze, und meinen Bru-
„der nicht eines niederträchtigen Diebſtahls be-
„ſchuldigen will: Kommſt Du mir auch noch
„in der Beſchwerde zuvor! Aber gut, daß wir
„darüber einmal mit einander ſprechen! ſo
„kann allem Uebel noch vorgebeugt werden;
„damit der heimliche Groll nicht endlich noch
„eine Feindſchaft unter uns anrichtet, wie un-
„term Eteokles und Polynikes.

Nach-

Nachdem die Gebrüder sich lange herumge-
zankt; sich untereinander die bittersten Vorwürfe gemacht; sich beiderseits hoch und theur
zugeschworen hatten, daß sie von allem Betrug'
und Diebstahle rein wären: So kamen sie fried-
lich überein, alle mögliche List anzuwenden, ihren gemeinschaftlichen Dieb ausfindig zu machen.   Sie konnten durchaus nicht spizkriegen,
wo immer just das Delikateste von ihren Ge-
richten hinkäme? Unmöglich könnte doch der
Esel von solcherlei Speisen versucht werden;
und so große Fliegen, wie vormals die Har-
pyen waren, welche dem Phineus die Malzeit
wegfraßen, die kämen doch auch nicht zu den
Fenstern herein!

Inzwischen die herrliche Tafel, die ganz
menschliche Kost, in der ich so täglich schwelg-
te; schlug bei mir gar zu gut an.   In kurzer
Zeit war ich spekfett.   Weich und sanft war
meine Haut anzufühlen; und mein Haar glin-
zerte, wie ein Spiegel.

Ueber diese Schönheits-Blüte merkten meine Herren Unrath, zumal da sie auch gewahr
wurden, .daß ich das Heu immer unberührt
liegen ließ.   Sie paßten mir auf.   Um die
gewöhnliche Zeit schlossen sie die Thüre ab, als
ob sie nach dem Bade giengen; belaurten mich

aber draußen. Durch eine Rize sahen sie denn bald, wie ich nach Appetit izt von diesem, izt von jenem hingesezten Gerichte naschte.

Sie hatten solch ein Wunder über diese sonderbare Lekerhaftigkeit eines Esels; daß sie den Schaden vergaßen, der ihnen dadurch zugefügt wurde, und vor Lachen bersten wollten. Sie riefen noch andere von ihren Kammeraden herbei, und zeigten denen auch, was sie für einen geschmakvollen Langohr besäßen. Da war ein Gelächter! Endlich kam noch der Herr dazu, und fragte, was es denn so zu lachen gäbe? Man sagte ihm die Ursache. Er trat an die Spalte, gukte durch, und sah all seine Freude an mir. Er lachte, daß ihm der Leib weh that, und daß er gar nicht mehr konte. Endlich ließ er die Thüre aufmachen, und kam herein, und sah mir in der Nähe zu. Denn, da ich merkte, daß die Sache eine so lustige Wendung genommen, und es mir schien, als ob das Glük mir anlächele; so schöpfte ich Muth aus der Freude der Anwesenden, und ließ mich im mindesten nicht stören; sondern fraß ganz sorglos fort; bis der Hausherr, über die Neuheit des Schauspiels erfreuet, mich in seinen Speisesaal führen ließ, oder vielmehr selbst mit eignen hohen Händen hinein führte.

führte, und Befehl gab, für mich die Tafel
zu deken, und ordentlich, wie es sich gehört,
anzurichten.

Ich hatte mich zwar schon ganz artig voll-
gestopft; jedoch, um mich bei dem Herrn desto
beliebter und angenehmer zu machen, verzehrte
ich alles, was mir vorgesezt wurde mit großem
Appetit.   Noch dazu waren es allerhand stark
gewürzte Gerichte, die sonst wol einem Esel
widerstehen möchten; die man aber recht vor-
sezlich um mich desto besser auf die Probe zu
stellen, gewählt hatte: Ragouts mit Assaf;
tüchtig gepfefferte Fricassees; Fische mit einer
ausländischen Brühe; kurz lauter Hochge-
schmak.   Der Saal erscholl während meines
Geschmauses von hellem Gelächter.

„O! — schrie endlich ein Spaßvogel, der
„zugegen war — gebt doch dem Burschen auch
„ein wenig Wein! Er wird dursten.„

„Wolgesprochen, Schelm! — sprach der
„Herr, der das Wort auffieng, — Leicht
„könnte der Kauz auch wol mit einem Gläs-
„chen Meet fürlieb nehmen. He! Junge, spühle
„gleich da den großen silbernen Pokal aus,
„und reich denselben voller Meet unserm
„Schmeks-Brädel hin! Sage ihm zugleich: ich
„brächt's ihm zu!„

Alle

Alle Anwesenden standen voller Erwartung.
Ich meines Theils, ich sah nicht ab, warum
ich hätte den Schüchtern spielen sollen. Fröhli-
ches Muths spizte ich aufs possierlichste meine
Lippen, und schlürfte den ganzen großen Pokal
auf einen Zug hinter. Einstimmig schrie alles miteinander: „Wolbekomm'es! wolbekomm'es!„

Kurz, ich gewährte dem Herrn soviel Kurzweil, daß er auf der Stelle meine Eigenthümer hereinkommen ließ, und ihnen für mich
viermal soviel bezahlte, als ich ihnen geko-
stet hatte.

Er that mich, nicht ohne die angelegent-
lichste Empfehlung, zu einem Freigelassenen,
der bei ihm sehr in Gunst stand, und ziemlich
begütert war. Dieser hielt mich ziemlich menschlich und artig; und, um sich noch beliebter bei
seinem Patrone zu machen, war er auch geflis-
sen, zu allerhand Gaukeleien mich abzurichten,
die denselben belustigen könnten

Er lehrte mich nicht allein, wie die Menschen, aufm Elbogen bei Tische liegen; sondern auch ringen, und mit aufgehabenen Voderfüßen tanzen. Ja, was das allerpossier-
lichste, und wunderbarste schien, er lehrte mich
sogar, ihn aufs Wort verstehen und durch
Winke antworten. Verlangt' ich etwas, so
nik'

nikt' ich mit dem Kopfe; schlug ich etwas aus,
so schüttelte ich.   Durstete ich, und wollte zu
trinken haben; so sah ich mich nach dem Mund-
schenken um, und blinkte demselben mit einem
Auge um's andere zu.

Ich stellte mich um so gelehriger an, da
ich auch ohne Anweisung alle die Fazen machen
konnte, nur damit zurükhalten mußte, weil zu
fürchten stand; daß, wenn ich mich so ohne
Lehrmeister als Mensch geberdete, man mich
als ein Wunder- und Unglüks-Thier schlachten, und den Geiern des Himmels zum Fraße
überlassen möchte.

In kurzem verbreitete sich das Gerücht von
meinen Wunderkünsten so sehr unter die Leute;
daß mein Herr sich nur durfte sehen lassen so
hieß es: „Seht, seht! das ist der, der den ne-
„kischen Esel hat, welcher wie ein Mensch speist,
„und ringet und tanzt, und Schnaken macht,
„und alles versteht, was man ihm sagt, auch
„durch Winke sich wieder verständlich machen
„kann!„ — —

Doch ich muß Euch wol erst sagen (was
ich allerdings gleich zu Anfange hätte sagen
sollen!) wer und woher mein Herr war?

Thyasus (also nannt' er sich) war aus
Korinth, der Hauptstadt von ganz Achaia, ge-
bürtig.

bürtig. Seiner Geburt und seinem Stande
gemäß, hatt' er sich von Einer Ehren-Stufe
zur andern, bis nun endlich zum fünfjährigen
Oberrichteramt, wozu er eben ernannt worden
war, emporgeschwungen. Um diese hohe
Würde mit allem erforderlichen Pompe anzu-
treten, und den ganzen Umfang seiner Freige-
bigkeit sehen zu lassen; hatte er sich zu Kampfspielen, die drei Tage dauern sollten, anheischig
gemacht; und weil er wünschte, bei dem Volke
Ehre einzulegen, so war er selbst bis nach Thessalien gereist, um die edelsten wilden Thiere
und die berühmtesten Fechter aufzukaufen. Bereits war seine Absicht erreicht, und alles nach
Wunsche angeschaft; und er eilte wieder nach
Hause. So viele schöne Wagen, Kutschen
und Kaleschen er auch mit sich hatte; so fuhr
er dennoch auf der Reise in keiner einzigen: Sie
mußten alle, nebst den Sänften, nebst den
stolzen Thessalischen Zeltern, nebst den köstli-
chen Gallischen Zuchthengsten, lebig hinten
nachfolgen. Vorauf parabierte er auf mir,
der ich auf das stattlichste mit goldenem
Geschirr, prächtigem Sattel, purpurner
Schabrake, gestiktem Gurte, und hellklingen-
den Schellen, herausstaffiert war. Er kosete
im Reiten oftmals sehr liebreich mit mir, und
ver-

versicherte mich unteranbern, daß es ihm eine
unsägliche Freude sei; so in mir zu gleicher
Zeit seinen Gesellschafter und Träger gefunden
zu haben.

Als wir nun unsre Reise, theils zu Lande,
theils zur See, zurükgelegt hatten, und zu
Korinth ankamen: so strömte das Volk allenthalben haufenweise zusammen; nicht so wol,
wie's mir vorkam, um dem Thyasus Ehre zu
erweisen, als aus Begierde mich zu sehen. So
sehr war der Ruf von meiner Geschiklichkeit
vor uns her gegangen!

Das machte sich der anschlägige Freigelassene, mein Verpfleger, zu Nuze. Er merkte
nicht so bald, daß die Leute so großes Verlangen nach meinen Künsten trügen, als er mich
unterm Schlosse hielt, und mich niemand anders, als für Geld, sehen ließ. Das brachte
ihm täglich keine Kleinigkeit ein.

Unter den vielen Leuten, die sich die Neugier mich zu sehen, was kosten ließen, befand
sich auch eine reiche vornehme Dame. Diese
belustigte sich so sehr an meiner Drolligkeit, und
meinen mannichfaltigen Gaukeleien; daß sie
sich gar zulezt, nachdem sie mich lange aufs
lebhafteste bewundert hatte, sterblich in mich
verliebte. Sie verschmähete jedes andere Mit-

tel sich von dieser unsinnigen Leidenschaft zu
heilen, und strebte nur, wie eine andere Paß=
phae, nach meinem Genusse. Kurzum, sie bot
meinem Wärter eine große Summe Geldes für
eine einzige Nacht von mir. Leider, fand sie
in der eigennüzigen Denkart desselben keinen Wi=
derstand! Ohne Bedenken gestand ihr der Nichts=
würdige ihr Begehren zu; und Abends, als
wir von der Tafel unsres Herrn zurük kamen,
fanden wir die Dame schon unser vor der Kam=
merthüre warten.

Alle Welt! was wurden da für Anstalten
gemacht! Vier Verschnittenen bereiteten flugs
auf der Erde ein weiches Lager. Ueber große
von leichtem Flaum hochgeblähete Pfühle, dek=
ten sie ein mit Gold' und Tyrischem Purpur ge=
stiftes Laken, und legten drauf Küssen von al=
lerhand Größe, womit das zärtliche Fraun=
zimmer theils die Wangen, theils den Naken
zu unterstüzen pflegt. Dies gethan; und das
ganze Zimmer mit schimmernden Wachskerzen
so hell, wie bei Tage, erleuchtet: Verweilten
sie nicht länger die Wollust ihrer Gebieterin
und begaben sich hinweg.

Nun entkleidete sich die Dame ganz und
gar; legte auch die Binde ab, womit sie ihren
schönen Busen eingeschnürt hatte; trat an das
Licht

Acht und salbte, aus einem zinnern Gefäß, sich
und mich reichlich mit Balsam; vorzüglich aber
badete sie damit meine Schenkel und Lenden, *)
sammt den Werkzeugen der Wollust, welche
sie vorher mit Chitschem Rosenwasser gereinigt.
Priapus so fort durch ihre niedliche Hände her-
beigezaubert, winkt' ihr gefällig mit starrem, erhabenem Zepter.   So bald sie die günstige Gegenwart des Gottes vernommen, umhalste sie
mich aufs zärtlichste, und küßte mich, aber
nicht wie in lüderlichen Häusern feile Dirnen
ihre kampflustige Buhler zu küssen pflegen;
sondern mit dem wärmsten, innigsten Gefühle
der Seelen.   Sie liebkoste mich mit all den
süßen Worten der Liebe, womit die Weiber ihre
Zuneigung an den Tag legen, um die unsrige
zu erwecken:

    „Dich lieb' ich! — rief sie — Nach Dir
„sehnt mein Herze sich! Du, mein Einziger!
„mein Auserwählter! Ohne Dich kann ich nicht
„leben!“ und so dergleichen.

    Endlich faßte sie mich bei der Halfter, und
zog mich zu sich auf das Bette nieder.   Ich
machte ihr keine sonderliche Mühe; denn Be-
hendigkeit hatt' ich gelernt; und meine Begier-
be,

*) Siehe die Varianten im zweiten Theil der Al-
tenburger Ausgabe S. 274. und 275.

be, nach so langer Zeit, einmal wieder bei einem hübschen Weibe zu schlafen, war ganz rege; um so mehr da ich mir vorher in gutem Weine gütlich gethan, und der wolriechende Balsam meinen Küzel aufs äußerste gereizt hatte.

Angst und bange aber war ich dennoch, wie, bei so langen Stak-Beinen, der Thron der Liebe zu besteigen? wie so sanfte, zarte, glänzende, von lauter Milch und Honig geknetete Glieder, mit eisernen Hufen zu umfassen? wie so kleine Ambrosiaduftende Purpurlippen, mit einer so plumpen Schnauze, mit ungeheuern garstigen Zähnen, zu küssen? und wie endlich — möchte die Dame auch vor Lust bis in die äußersten Fingerspizen glühen — ein so übergroßes Opfergefäß hinein in das enge Heiligthum der Wollust zu bringen sei?

„Wehe Dir — dacht' ich bei mir selbst „— wo Du eine so vornehme Dame sprengest! „Dann kannst Du Dich nur gefaßt machen, „bei Deines Herrn Kampfspielen mit zu figu„riren, und den reißenden Thieren vorgewor„fen zu werden!„

Unterdessen verdoppelte die Dame ihre Liebkosungen; herzte, küßte mich; und girrte; und verdrehete im Taumel stehender Begierden die

die Augen. Zulezt rief sie: „Ha, nun hab’
„ich Dich! hab’ ich Dich! mein Täubchen!
„mein Vögelchen!‟ Und mit den Worten zeigte
sie; daß alle meine Besorgniß und Furcht thö-
rigt und überflüßig war; denn sie umschlang
mich und nahm mich ganz — ganz sag’ ich
— auf!!!

So oft ich, ihrer schonend, mein Hintertheil zurükzog: So oft flog elastisch sie in jä-
hem Schwunge mir nach, und, je fester und
fester mit ihren Armen meinen Rükgrad umfas-
send, schloß, drükte, preßte, schmiegte sie sich
brünstiger an mich an; so daß ich, beim Her-
kules! gar glaubte: es mangle mir noch etwas zur Befriedigung ihrer Ueppigkeit; und in
Ernst auf den Argwohn gerieth: Die Mutter
des Minotaurs müsse sich wol nicht ohne Grund
lieber einen brüllenden Liebhaber zur Kurzweil
erkoren haben.

Nachdem die Dame auf die Art die Nacht
mit mir sehr geschäftig und des Schlafes un-
eingedenk hingebracht hatte; dingte sie von
meinem Wärter für denselben Preis die folgende
wieder, und begab sich, um von niemand gesehen zu werden, noch vor Tage hinweg. Der
Freigelassene vergönnte ihr um so williger, sich
abermal nach ihrem Gefallen mit mir zu erlu-
stigen,

stigen; weil er — ungerechnet, daß er reichlich dafür bezahlt wurde — auch seinem Patrone das Vergnügen dieses neuen Schauspiels
geben wollte.

So bald wir die Scene aufs neue eröfnet, rief er diesen unverzüglich herbei. Thyasus machte ihm ein großes Geschenk dafür, und
bestimmte mich. so gleich, bei seiner Lustbarkeit
dieselbe Commödie öffentlich vor dem Volke zu
spielen. Da aber weder meine holdselige Dame, ihres Standes wegen; noch sonst jemand
anders, eine Mitactrice abgeben mochte: So
mußte man dazu, für vieles Geld eine Miß-
sethäterin annehmen, die vom Statthalter der
Provinz verurtheilt war, den wilden Thieren
vorgeworfen zu werden. Wie ich. hörte, war
ihre Geschichte ohngefehr diese:

Der Vater des Mannes, den sie gehabt,
hatte vormals bei einer vorhabenden Reise, seinem Weibe, die er gesegnetes Leibes zurükließ,
befohlen: daß, wenn sie eine Tochter zur Welt
brächte, sie dieselbe so gleich umbringen sollte. *)
Die Frau war in der Abwesenheit desselben
. wirklich

*) Es ist bekannt, daß, bei den Griechen und Rö-
mern, es den Vätern frei stund, ob sie ihre
neugebohrne Kinder wollten am Leben lassen
oder nicht.

wirklich von einer Tochter entbunden worden;
aus natürlicher, mütterlicher Zärtlichkeit aber,
hatte sie's nicht über ihr Herz bringen können,
den Befehl des Mannes zu erfüllen; sondern
hatte das Kind in ihrer Nachbarschaft zu er-
ziehen gegeben; und als ihr Mann wieder zu-
rükkam, sagte sie: sie habe eine Tochter gebohren, und sie, seinem Willen gemäß, ge-
tödtet.

Das Mädchen wuchs heran. Als es nun
mannbar, und, ohne Wissen des Vaters, die
Mutter es nicht Standesmäßig aussteuren
konnte; entbekte sich dieselbe in dieser Verlegenheit ihrem Sohne; um so mehr, da sie auch
zu verhüten hatte; daß Bruder und Schwester
nicht, aus Jugend und Unwissenheit, zu genau mit einander bekannt würden.

Der Jüngling, von dem besten Herzen,
that was die Pflicht gegen seine Mutter und
Schwester ihm auflegte. Er verschwieg das
ihm anvertrauete Geheimniß aufs heiligste;
und unterm Scheine eines allgemeinen Mitleids
gegen eine arme verlassene Waise, übte er die
zärtlichste Bruder-Liebe gegen das Mädchen.
Er nahm sie zu sich in sein Haus; bestimmte
ihr von seinem eignen Vermögen eine ansehn-
liche Mitgift; und eben wollte er sie an seinen

vertraut-

vertrautsten Freund verheurathen; als das
Glük diese so löbliche, so großmüthige Absicht,
auf die grausamste Weise vereitelte.

Von höllischer Eifersucht war dieses edeln
Jünglings Gattin, obgedachte Missethäterin,
besessen. Sie sah das Mädchen für ihre Ne-
benbuhlerin, für eine Beischläferin ihres Mannes an; ward derselben von Tage zu Tage
gehäßiger, und trachtete ihr endlich mit schreklicher Mordlust nach dem Leben. Sie gieng
dabei folgendermaßen zu Werke.

Sie bemächtigte sich heimlich des Ringes
ihres Gemals; begab sich aufs Land; und
sandte von dort aus einen mit ihr einverstan-
denen, aber aller Treue und Redlichkeit abge-
neigten Sklaven, an das Mädchen. Dieser
mußte sagen: „Der junge Herr, der eben nach
dem Landhause gekommen, schike ihn; sie
möchte ihm doch unverzüglich dahin folgen;
aber allein, ohne alle Begleitung." Zum Cre-
ditio seiner Gesandtschaft mußte er den gestohl-
nen Ring produciren.

Auf dies Merkmal stand das Mädchen um
so weniger an, dem Befehle ihres Bruders Gehorsam zu leisten. Ohne Verzug und Begleitung, wie es verlangt worden, machte sie sich
auf

auf und — fieng sich in der, ihr so hinterli-
stigerweise gelegte Schlinge.

Das vor Eifersucht rasende Weib versicherte
sich derselben so gleich, ließ sie nakend ausziehn,
und zerpeitschte sie halbtodt.   Das Mädchen
schrie und betheurte — was die Wahrheit
war —; nicht Beischläferin, sondern Schwester ihres Mannes seie sie! mit Unrecht hege
man Eifersucht gegen sie.   Doch anstatt die
wilde Furie zu besänftigen, brachten sie diese
Worte nur noch mehr auf.   Sie hielt sie für
nichts als Unwahrheit und Arglist.   Sie nahm
einen glühenden Feuerbrand und fuhr damit ihrer Schwägerin zwischen die Lenden.   So mußte
das beste harmloseste Mädchen, des entsezlich-
sten Todes sterben!

Auf die Nachricht dieses unglüklichen Vor-
falls stürzten Bruder und Bräutigam in Eil
herbei; aber all ihr Jammern, ihr Wehklagen
rief die arme Unglükliche nicht wieder ins Leben
zurük! Das Einzige, was ihnen noch zu thun
übrig blieb, war — sie zur Erde zu bestatten.

Der elende Tod seiner so zärtlichgeliebten
Schwester, und zwar durch eine Hand, welche
am wenigsten dazu berechtiget war, — war
indessen mehr, als das empfindliche Herz des
Bruders zu erdulden vermochte.   Aus der

II. Theil.   M   schwär-

schwärzsten Melancholie verfiel er bald in ein
so heftig hitziges Fieber, daß er schon am äußersten Rande des Lebens stand. Demohnerachtet gieng dennoch seine Gattin — wenn anders ein Weib von solchen Gesinnungen mit einem so ehrwürdigen Namen zu benennen ist —
zu einem übelberüchtigten Arzt, welcher wol
mehr als Einen zählen konnte, dem er durch
seine tiefe Wissenschaft aus der Welt geholfen
hatte. Sie bot demselben funfzig baare Ses-
tertien, wenn er ihr von seinem schleunigsten
Gifte abließe, um ihren Mann damit desto gewisser fortzuschaffen. Der Arzt war nicht un-
erbittlich. Er verfügte sich mit zu dem Kranken, interrogirte, observirte, meditirte, dis-
sertirte — alles nur zum Schein — und ver-
ordnete endlich, zur Bruststärkung und Abfüh-
rung der Galle, jenen Trank, der, seiner Heil-
samkeit halber, bei den Arzneikundigen den Namen des heiligen Tranks führt. Als er aber
dem Patienten, anstatt dieses Lebenstranks,
einen Sterbetrank eingerührt, und ihm denselben in Gegenwart einiger Freunde und Ver-
wandten und des Gesindes reichen wollte; Da
fiel ihm das Weib — das gern des Mitwis-
sers ihres Verbrechens überhoben sein, und
das versprochene Geld ersparen mochte —

plötz-

plötzlich in die Arme, ergrif den Becher und
sprach:

„Nicht also, bester Herr Leib-Medicus!
„Nicht Einen Tropfen von dieser Medizin darf
„mein lieber Mann einnehmen; bevor Sie nicht
„selbst einen guten Theil davon ausgetrunken
„haben! Wer weiß, es könnte ein tödtliches
„Gift darinnen seyn! Und Sie sind ein viel zu
„kluger Mann, als daß Sie diese kleine Vor-
„sicht einer Frau übel nehmen könnten, die so
„aus inniger Seele für das Leben ihres Man-
„nes besorgt ist!„

Kam je etwas irgend jemand unerwartet;
so war es der verzweifelte Streich dieses gottlosen Weibes dem Leibarzte! Er stutzte gewal-
tiglich und hätte fast alle Fassung verlohren.
Doch hier galt nicht langes Bedenken! Sollte
er durch Zögern und Zagen sich verrathen? Er
that frisch einige starke Züge aus dem Becher.

Nachdem er also kredenzet, nahm der Kranke
den Becher und leerte ihn aus. Dies geschehen, wollte der Arzt flugs nach Hause eilen,
um die Würkung des getrunkenen Gifts durch
ein starkes Gegengift zu zerstören. Allein der
Teufel von Weibe hielt ihn fest, und setzte hart-
näkig durch, was sie kühn begonnen hatte.
Sie wollte ihn durchaus nicht aus der Stelle

M 2 lassen,

laſſen, bis der Tranf zu wirfen angefangen,
und deſſen Heilſamfeit am Tage låge.　Durch
vieles Bitten und Flehen ließ ſie ſich aber dennoch bewegen, und erlaubte ihm fortzugehen.
Unterdeſſen hatte ſich das Gift ſchon durch den
ganzen Körper verbreitet, und war bis ins innere Marf eingedrungen, als der Arzt ſeine
Wohnung erreichte.　Unter den größten Schmerzen und die Augen ſchon halb vom Todesſchlafe
geſchloſſen, fonnte er faum noch ſeiner Frau,
was vorgefallen war, erzehlen, und ihr auftragen
den Lohn für den zweifachen Mord einzufodern:
So erlag er den gewaltſamſten Verzufungen
und gab den Geiſt auf.

　　Der junge Mann blieb eben auch nicht lån-
ger am Leben.　Unter ſeines Weibes erdichteten Thrånen verſchied er auf die nemliche Art.
Einige Tage nach ſeiner Beerdigung und nach
den gebräuchlichen Todtenopfern, kam die Frau
des Arztes und verlangte von ſeiner Wittwe
den bedingten Lohn für die gedoppelte Vergif-
tung.　Ihrem Charafter zu allen Zeiten treu,
bewieß ſich die Gottloſe ſehr höflich, und be-
fannte ſich mit vieler anſcheinenden Redlichfeit,
zu dieſer Schuld; verſprach auch ſie alſofort
zu entrichten, ja noch goldene Berge hinzu zu
thun: wofern ihre Gläubigerin ihr nur noch

ein Wenig von demselben Gifte, zur gänzlichen
Vollbringung ihres angefangenen Vorhabens,
ablassen wollte. Die Frau des Arztes war
leider! leicht, durch ihre glatte Worte und
schlaue Ränke angeführt. Unverzüglich gieng
sie nach Hause, holte die Büchse, worin das
Gift enthalten war, und überließ sie ganz dem
reichen Weibe, um sich bei derselben ein desto
größeres Verdienst zu erwerben.

Kaum sah sich diese so viele Macht zu scha-
ben in Händen; als sie auf weiter nichts bedacht war, denn die Anzahl ihrer Verbrechen
zu vergrößern.

Sie hatte von ihrem so eben vergifteten
Manne eine kleine Tochter. Unzufrieden, daß
die Gesetze diesem Kinde des Vaters ganze Ver-
lassenschaft zusprachen, die sie so gern selbst gehabt hätte; trachtete sie ihrer Tochter nach
dem Leben. Wie hätte sie sich auch als eine
bessere Mutter, denn Ehegattin erweisen sollen; da ihr bekannt war, daß die Mütter ihre
Kinder beerben? Genug; aus dem Stegereif
hatte sie strafs ein Mal veranstaltet, wobei
sie ihrer eignen Tochter, mitsamt der Frau des
Arztes, Gift beibrachte.

Der armen zarten Kleinen Eingeweide waren bald davon verzehrt und sie starb auf der
Stelle.

Stelle. Wie aber des Arztes Wittwe schad-
bende Schmerzen ihr Inneres durchirren fühlte,
so argwohnte sie gleich, was ihr geschehen.
Bald, da auch der Athem ihr schwer wurde,
war sie nur allzu gewiß, daß sie Gift bekommen:: Sie sprang also auf, und rannte gera-
beswegs nach des Statthalters Wohnung.
Ihr lautes Geschrei um Hülfe, ihr wiederhol-
tes Rufen, daß sie die abscheulichsten Schand-
thaten zu entdeken habe; erregten einen großen
Zusammenlauf des Volks, und machten, daß
sie bei dem Statthalter unmittelbar vorgelas-
sen, und angehört wurde. Sie erzehlte von
Aufang an, die ganze Reihe Miss:thaten ihrer
ruchlosen Giftmischerin, und eben war sie damit zu Ende; als ein Schwindel sie ergrif, und
ihre noch halbgeöfnete Lippen schloß. Sie
knirrschte mit den Zähnen. Sie wand sich.
Sie ächzte. Sie sank todt hin zu des Statthalters Füßen.

Der Statthalter, ein thätiger Mann, ließ
der schändlichen Giftmischerin vielfache Frevel-
thaten nicht durch langwierigen Verzug erkal-
ten; sondern alsobald ihre Bedienten ergreifen
und dieselben durch die Gewalt der Folter zum
Geständniß der Wahrheit bringen. Darauf
verurtheilte er die arge Missethäterin: Den
wilden

wilden Thieren vorgeworfen zu werden. Eine Strafe, die freilich noch unter ihrem Verbrechen; jedoch die allerqualvollste war, die nur erdacht werden konnte.

Mit diesem Weibe nun sollt' ich öffentlich Beilager halten!!

Ich erwartete den Tag der Schauspiele mit dem beängstigsten Herzen. Ehe ich mich mit einem so lasterhaften Weibe beflekte, und mit Verachtung aller Scham auf eine so schändliche Weise öffentlich zur Schau stellte: Ehe hätte ich mich tausendmal lieber selbst umbringen mögen; hätt' ich nur nicht plumpe Hufe statt der menschlichen Hände gehabt; so daß ich keinen Degen herausziehen konnte! Die einzige Hofnung, die bei dem Trübsale mich noch so einigermaßen aufrecht hielt, war: Allbereits schmükte der Frühling, in seinem Beginnen, jegliche Staude mit blühenden Knospen; bekleidete die Wiesen mit Schmelz; und schon prangten auf grünem Dornenthrone die Wolgeruchathmenden Rosen, welche mich wieder zu weiland Lucius umwandeln sollten.

Es erschien endlich der Tag der Spiele. Unter lautem Jauchzen und Freudengeschrei des Volks, wurd' ich in Pomp nach dem Amphitheater geführt.

M 4

Panto-

Pantomimische Tänze eröfneten die Lustbarkeit.   Während der Zeit man sich daran er-
götzt, blieb ich außen vor der Thüre, und wei-
dete allda mit großem Belieben, das hin und
wieder hervorgekeimte Gras ab.   Bisweilen
stellt' ich mich auch in das offene Portal, und
vergnügte meine Neugierde an den angenehmen
Vorstellungen, die gegeben wurden.

Blühende Jünglinge und Mädchen, von
reizender Gestalt, führten in schimmerndem Puze,
mit unnachahmlicher Anmuth den Griechischen
Pyrrhischen Reigen *) auf. Nachdem sie sich
wol in Ordnung gestellt hatten, begannen sie allerlei zierliche Wendungen: Izt dreheten sie,
wie ein Rad, im Kreise sich herum; izt, bei
den Händen sich haltend, bildeten sie eine lange
schräge Reihe; izt stießen sie ins Gevierte zusammen; izt trennten sie sich wieder, und kreuz-
ten verwirrt durcheinander.

Nach mannigfaltiger Abänderung und Wie-
derholung dieser Bewegungen, gebot endlich der
Schall der Trompete dem Tanze ein Ende. Der
Vor-

---

*) Man sieht hier, daß der Pyrrhische Tanz nicht
allemal ein Waffentanz gewesen sei.

Vorhang fiel *) und die Verzierung der Bühne
ward zum Urtheil des Paris verändert.

Von Holz war ein hoher Berg errichtet,
der den berühmten, vom Homer besungenen
Ida vorstellte. Gesträuche und allerlei leben-
dige Bäume dekten die Seiten. Von dem Gipfel rann ein klarer, künstlicher Bach. Einige
Ziegen weideten am Ufer. Ein Jüngling machte
den Hirten, gleich dem Paris mit köstlichem,
von den Schultern herabfließendem Phrygischen
Gewande, und einem goldnen Bunde geschmükt.

Izt trat ein Bildschöner Knabe auf, nakend, nur daß ein kurzer Mantel um die linke
Schulter flatterte. Blondes Haar, aus dem
zwei goldne und durch ein goldnes Band verei-
nigte Fittige hervorstachen, krönte seine Scheitel und wallete auf dem entblößten Rüken. Der
geflügelte Schlangenstab, den er trug, kün-
digte ihn für den Merkur an. Tanzend schwebt'
er herbei, überreichte dem Paris den Apfel,

M 5 und

*) Bei den Alten fiel eigentlich, wann das Stük
zu Ende war, der Vorhang nicht nieder; sondern er ward von unten hinaufgezogen. Daher
hieß bei ihnen, der Vorhang wird aufgezogen,
just das, was bei uns der Vorhang fällt, heißt.
Um den des Alterthums unkundigen Leser nicht
in Verwirrung zu sezen, bin ich lieber bei unse-
rer Art zu reden geblieben.

und deutete demselben durch Geberden den Willen Jupiters an.   So fort zog er sich behend wieder zurük und verschwand.

Es erschien darauf ein Mädchen von hohem Ansehen, der Göttin Juno um so ähnlicher, da ein weißes Diadem ihre Stirne umwand, und sie einen Scepter in der Hand trug.

Dieser folgte eine andere, die man so gleich für Minerven erkannte.   Sie hatte einen schimmernden, mit einem Oelzweig' umkränzten Helm auf; führte einen Schild und schwang eine Lanze, wie die Göttin, wann sie im Kampfe erscheint.

Eine Dritte schlüpfte hinter diese beiden her. Unnennbare Grazie war über ihr ganzes Wesen verbreitet, und die Farbe der Liebe blühete auf ihrem Antlize.   Es war Venus; aber die jungfräuliche Venus.   Kein Gewand verstekte die tadellose Schönheit ihres Leibes; sie gieng nakend einher; nur ein durchsichtiger seidner Schleier beschattete ihre Blöße.   Bald erhoben buhlerische Winde muthwillig den leichten Flor; und die Blume der Jugend prangte unverhüllt: Bald drükte denselben ihr brünstiger Hauch fest an den Körper an; und unter der luftigen Hülle ward sichtbar jeglicher wollüstige Umriß verborgen.   Man bemerkte nur

zweier-

zweierlei Farben an der Göttin: Weiß, der
Leib; denn sie stammet vom Himmel ab: ~~Grünlich~~
ihr Schleier; weil sie aus dem Meere ent-
sprossen.

Eine jegliche der drei Mädchen, welche die
Göttinnen machten, hatte ein eignes Gefolge.

Mit der Juno kam Kastor und Pollux,
von zwei Schauspielern vorgestellt, welche runde Helme trugen, oben mit zwei funkelnden
Sternen gezieret. Unterm lieblichen Getön der
Flöten gieng Juno mit ruhiger Majestät einher, und versprach dem Hirten, durch ernste
Geberden, die Herrschaft über ganz Asien; wofern er ihr den Preis der Schönheit zu er-
kennete.

Minerven, im Waffenschmuk, begleiteten
ihre gewöhnliche Gefährten und Schildknap-
pen in den Schlachten: Schreken und Furcht;
tanzend mit entblößten Schwerdtern. Ein
Pfeifer, der hinter ihnen hergieng, spielte einen kriegerischen Marsch, und ermunterte oder
mäßigte ihren rüstigen Schritt abwechselnd,
bald durch hohe schmetternde, bald durch ge-
dämpfte pathetische Töne. Die Göttin, mit
unruhigem Haupte, drohendem Blike, raschem,
gebeugtem Gange; gab dem Paris durch eine
lebhafte Geberdensprache zu verstehen: Wofern

er

er sie den Sieg der Schönheit davon tragen
ließe; so wolle sie ihn durch Tapferkeit und
durch erfochtene Kriegs - Tropheen berühmt
machen.

Venus war von einem ganzen Volke fröh-
licher Amoretten umgaukelt. Süßlächelnd
stand sie mit dem ihr eignen Liebreiz mitten unter denselben, zum allgemeinen Entzüken des
Schauplazes. Man hätte die runden zarten
Knaben allesammt für wahre Amors halten
mögen, die aus Himmel oder Meer herbeige-
flattert; so sehr entsprachen sie ihrer Rolle
durch ihre kleine Fittige und Pfeile und überhaupt durch ihre niedliche Leibesgestalt. Sie
trugen der Göttin flammende Fakeln vor, als
gienge sie zum Hochzeitschmause. Auch die
lieblichen Töchter jungfräulicher Schönen, die
holden Grazien und die reizenden Horen um-
floßen die Göttin. Schalkhaft warfen sie dieselbe mit Sträußern und Blumen; und schwebten in künstlichem Reigen einher, nachdem sie
also mit den Erstlingen des Lenzes die Mutter
der Wollust gehuldiget.

Izt flüsterten die viellöcherichen Flöten süße
Lydische Weisen. Jegliches Herz wallete vor
Vergnügen. Nun hub, lieblicher denn alle
Musik, Venus sich zu bewegen an. Langsam
erhob

erhob sich ihr Fuß; es schmiegte anmuthig sich
ihr Körper mit sanft auf die Seite gebogenem
Haupte; jede reizende Stellung in Harmonie
mit dem weichen Getöne der Flöten! Bald lächelte Huld und Milde auf ihrer Stirne; bald
schrekte drohender Ernst. Zuweilen tanzte sie
allein mit den Augen.

Wie sie vor den Richter hin trat, schien
die Bewegung ihrer Arme demselben zu verheißen: Daß, wenn er ihr vor den übrigen Göttinnen den Vorzug gäbe — sie ihm eine Gemalin zuführen würde, die an Schönheit ihres
gleichen nicht auf Erden fände, und ihr ganz
und gar ähnlich sein sollte. Also fort reichte
ihr mit Freuden der Phrygische Jüngling den
goldnen Apfel hin, das Zeichen des Sieges. —

Wundert Ihr Euch nun noch, Ihr einfältige Schöpse, oder vielmehr, Ihr gierige
Geier von Advocaten, daß heut zu Tage die
Gerechtigkeit jeglichem Richter feil sei? da schon
im Anfang' aller Dinge, in einen zwischen Göttern und Menschen zu entscheidenden Handel,
Partheilichkeit sich eingemischt; da der aller-
erste Richter, — den Zevs, der höchste Zevs
noch dazu selbst bestellet, und der nur ein
schlechter Hirte war, — durch Wollust sich
hat bestechen lassen und das zum gänzlichen

Verder-

Verderben feines Geschlechts! Träun! auch
aus der Folgezeit sind ähnliche Beispiele von
den edeln Heerführern der Achiver bekannt.
Ist doch der gelehrte erfindungsreiche Palame-
des nicht anders als auf falsche Beschuldigun-
gen, der Verrätherei wegen verdammet; ist doch
des hohen Ajax unüberwindliche Tapferkeit auch
den Ränken des lügenhaften Ulysses nachge-
stellt worden! Und war etwa die Gerechtigkeit
bei den Athenensern — diesen Gesezgebern,
diesen Weisen, diesen Lehrern aller Künste und
Wissenschaften — war sie etwa da besser be-
stellt? Wurde nicht bei ihnen jener Greis von
göttlicher Klugheit, welchen der Delphische
Apollo selbst für den weisesten aller Sterblichen
erklärt hat, — wurde nicht Sokrates bei ihnen auf die verleumderische Anklage einer
schändlichen Rotte, als sei Er, der die Jugend
besserte, ein Verderber derselben, — mit Gifte
hingerichtet? Ein Schandflek in der Geschichte
dieses Volks, den keine Ewigkeit auszubleichen
vermag! Anstatt, daß bis auf den heutigen
Tag, die allervortreflichsten Philosophen dieses Weisen herrliche Lehrsäze vor allen andern
annehmen, und aus brünstigem Verlangen
nach Glükseligkeit, zu seinem Namen schwören!

Doch,

Doch, damit nicht etwa jemand diesen Ausfall tadeln, und bei sich selbst sprechen möge: »Da haben wir's! Nun liest der Esel »uns gar die Moral!« so kehre ich von meiner Digression wieder zur Geschichte zurük.

Nachdem Paris also das Urtheil gesprochen, so traten Juno und Minerva unzufrieden und zornig von der Bühne ab. Eine jede brükte auf eine eigenthümliche Art den Unwillen über ihre Verschmähung durch Geberden aus. Venus aber legte ihre Freude über den erhaltenen Sieg, durch einen hüpfenden Tanz mit ihrem ganzen Gefolge, an den Tag.

Hierauf sah man oben auf dem äußersten Gipfel des Berges, aus einer verborgenen Röhre, in Wein aufgelösten Safran hoch in die Luft springen, und dann als ein wolriechender Regen auf die weidenden Ziegen herniedersprühen; so daß bald ihre blendende Weiße sich in Safrangelb verwandelte. Nachdem der ganze Schauplaz mit diesem angenehmen Wolgeruch angefüllt war; so eröfnete sich plözlich die Erde und — weg war der quellenströmende Ida!

Nun trabte ein Scherge fort, um, auf Verlangen des Volks, aus dem öffentlichen Gefängnisse die Missethäterin zu holen, die,

wie

wie ich oben erzehlt habe, ihrer vielfachen Mord-
thaten halber verurtheilt war, den wilden Thieren vorgeworfen zu werden; sich vorher aber
noch öffentlich mit mir vermählen sollte. Auch
wurde das Bett mit großer Sorgfalt bereitet,
das uns zum hochzeitlichen Lager dienen sollte.
Es glänzte von Indischem Elfenbein und strotzte
von Polstern, mit Flaumfedern ausgestopft,
und mit bunter Seide überzogen.

Allein, außer dem' daß ich mich schämte,
mit einer so gottlosen, schandbaren Kreatur
Angesichts des ganzen Volks Beilager zu halten: So fürchtete ich mich auch mein liebes
Leben dabei einzubüßen. »Welches Thier —
dacht' ich bei mir selbst — man auch heraus-
lassen mag, das Weibsstük zu zerreißen; so
wird es doch nimmermehr weder klug noch künstlich abgerichtet, noch enthaltsam genug sein:
daß, wann es uns selbander im Liebesknoten
verschlungen antrift, — es gerade nur die
Delinquentin hinwegnehmen, und Dich, weil
Du nichts verbrochen hast, unverlezet liegen lassen sollte!«

Da es mir also noch weit mehr um die
Rettung meines Lebens, denn um die Scho-
nung meiner Schamhaftigkeit zu thun war:
So nahm ich wol des Augenbliks wahr; wo
                                        mein

mein Wärter eben seine ganze Aufmerksamkeit
auf Zubereitung des Betts geheftet hatte, das
andere Gesinde aber, theils mit Zurüstung der
Thiergefechte, theils mit Erwartung des schlü-
pferigen Schauspiels beschäftiget, gar auf mich
zahmen frommen Esel nicht Acht hatte; stahl
mich zum Stadtthore, das ziemlich in der
Nähe war, unvermerkt hinaus, und nun auch
aus Leibeskräften ausgerissen!

Sechstausend Schritt hatt' ich in vollem
Galopp zurükgelegt, als ich mich vor Cen-
chreä befand, das der edeln Korinthischen Co-
lonie zugehört, vom Aegäischen und Saroni-
schen Meere bespühlt wird, und einen sehr sichern,
schifreichen Hafen hat.

Ich mied das Getümmel der Menschen und
begab mich lieber bei Seite auf das einsame
Gestade. Allda strekt' ich dicht an der Bran-
dung, meine müde Glieder gemächlich auf weichen Sand hin. Bereits hatte die Sonne das
äußerste Ziel des Tages erreicht. Der süßeste
Schlaf sank auf mich hernieder.

———————

Der Goldne Esel.

Eilftes Buch. *)

Ohngefehr um die erſte Nachtwache wurd'
ich durch ein jähes Schreken aus dem
Schlafe erwekt. Eben ſtieg in vollem Glanze
der Mond aus den Meeresfluthen herauf.

Die Majeſtät dieſes hehren Weſens erfüllte
mich mit tiefſter Ehrfurcht. Und überzeugt, daß
alle menſchliche Dinge durch ſeine Allmacht re-
giert werden; überzeugt, daß nicht allein alle
Gattungen zahmer und wilder Thiere, ſondern
auch die lebloſen Geſchöpfe durch den unbegreif-
lichen Einfluß ſeines Lichts fortdauren; ja,
daß ſelbſt alle Körper auf Erden, im Himmel
und im Meer, in vollkommenſter Uebereinſtim-
mung mit demſelben ab- und zu-nehmen: So
bediente ich mich der feierlichen Stille der Nacht
mein

---

*) Den Alterthumsforſchern iſt dieſes Buch höchſt
wichtig, wegen der darin enthaltenen Nachrich-
ten von dem Dienſte und den Geheimniſſen
der Iſis. Es ſind die einzigen umſtändlichen,
die wir davon haben.

mein Gebet an das holdselige Bild dieser hülfreichen Gottheit zu verrichten; um so mehr, da
das Schiksal, meiner so großen und langwierigen Qualen satt, mir endlich Ahndungen von
Erlösung eingab.

Flugs schüttelte ich jeglichen Rest von Trägheit ab; stand munter auf; badete mich —
um mich zu reinigen — im Meere, und nachdem ich mein Haupt sieben Mal unter die Flu-
then getaucht (welches die Zal ist, die der göttliche Pythagoras als die schiklichste zu gottesdienstlichen Verrichtungen angiebt): Betete ich
frohen und muntern Herzens, doch bethränten
Angesichts, zur heiligen Göttin also:

„Königin des Himmels! Du seiest nun die
„allernährende Ceres, des Getraides erste Er-
„finderin, welche, in der Freude ihres Her-
„zens über die wiedergefundene Tochter, dem
„Menschen der gleich den wilden Thieren mit
„Eicheln sich nährete, eine mildere Speise ge-
„geben hat, und die Eleusinischen Gefilde be-
„wohnt; Oder Du seiest die himmlische Venus,
„welche im Urbeginne aller Dinge, durch ihr
„allmächtiges Kind den Amor, die verschiede-
„nen Geschlechter gegattet, und also das Men-
„schengeschlecht fortgepflanzet hat, von dem
„sie zu Paphos in dem meerumflossenen Heilig-

„thume

„thume verehrt wird; Oder des Phöbus Schwe-
„ster, welche durch den hülfreichen Beistand,
„den sie den Gebährerinnen leistet, so große
„Völkerschaften erzogen hat, und in dem herr-
„lichen Tempel zu Ephesus angebetet wird;
„Oder Du seiest endlich die dreigestaltige Pro-
„serpina, die Nachts mit grausigem Geheul
„angerufen wird, den tobenden Gespenstern ge-
„bietet, und unter der Erde sie einkerkert, wäh-
„rend daß sie entlegene Haine durchirret, wo
„ein mannigfaltiger Dienst ihr geweiht ist:
„Göttin! die Du mit jungfräulichem Scheine
„alle Regionen erleuchtest, mit Deinem feuch-
„ten Strale der frölichen Saat Nahrung und
„Gedeihen giebst, und nach der Sonne Umlauf
„Dein wechselndes Licht eintheilest; unter wel-
„chem Namen, unter welchen Gebräuchen, un-
„ter welcher Gestalt, Dir die Anrufung immer
„am wolgefälligsten sein mag! Hülf mir in
„meinem äußersten Elende! stehe mir bei, daß
„ich nicht gänzlich zu Grunde gehe! nach so
„vielen, so schwer überstandenen Trübsalen,
„verleihe mir endlich einmal Ruhe und Frieden!
„Ich habe genug des Jammers; genug der
„Gefahren! Nimm von mir hinweg die schänd-
„liche Thiergestalt! Laß mich wieder werden,
„was ich war; laß mich Lucius werden, und
„gieb

gieb mich den Meinigen wieder! Oder, hab'
ich ja irgend eine unverſöhnliche Gottheit ohne
mein Wiſſen beleidiget: Ach, ſo ſei lieber mir
verlaubt zu ſterben, denn alſo zu leben, o
Göttin!»

Nachdem ich ſolchergeſtalt gebetet, und
mein Leid geklagt hatte, kehrt' ich auf meinen
vorigen Ruheplaz zurük, und ein ſüßer Schlaf
bemächtigte ſich aufs Neue meiner Sinnen.

Kaum war ich eingeſchlummert; ſiehe ſo
erhub ſich eine göttliche Geſtalt mitten aus dem
Meere! Erſt zeigte ſich ihr, ſelbſt den Göttern
ehrwürdiges Antliz; darauf entſtieg nach und
nach ihr ganzer Körper den Wellen.

Das herrliche Gebild ſchien vor mir ſtille
zu ſtehen.

Ich will verſuchen, Euch dieſe wunderbare
Erſcheinung zu ſchildern; wenn anders die Armut menſchlicher Sprache zu der Beſchreibung
hinreicht, oder die mir erſchienene Gottheit
mir Fülle der Beredſamkeit will angedeihen
laſſen.

Reiche, ungezwungene Loken ſpielten ſanft,
in angenehmer Verwirrung um den Naken der
Göttin. Ihre hohe Scheitel ſchmükte ein viel-
förmiger Kranz mit mancherlei Blumen. Ueber
der Mitte der Stirne glänzte mit blaſſem

　　　　Scheine

Scheine eine flache Rûnde, nach Art eines
Spiegels oder vielmehr der Scheibe des Mon-
des, darumher auf beiden Seiten sich gewundene Schlangen, gleich Furchen, zogen, und
drûber hin, wie bei der Ceres, Kornähren gelegt waren.

Ihr Kleid war feiner Kattun, der bald
weiß, bald gelb, bald rosenroth wechselte. Es
umhüllete sie ein Mantel von blendender
Schwärze, der, unter den rechten Arm weg,
über die linke Schulter geschlagen war; der
Zipfel, wie der Schild eines Kriegers, über
den Rüken zurükgeworfen; fiel in mannigfachen
Falten hinab, und die Franzen des Saumes
flatterten zierlich im Winde.   So wol auf der
Verbrämung als auf dem Mantel selbst flim-
merten zerstreuete Sterne, in deren Mitte der
Vollmond in seiner ganzen Pracht glänzte; und
eine schwere Kette allerlei künstlichzusammenge-
ordneter Blumen und Früchte irrte verloren allenthalben darüber hin.

In ihren Händen führte die Göttin weit
von einander verschiedene Dinge.   Denn in der
Rechten hielt sie eine goldne Klapper, durch deren schmales Blech, das sich wie ein Gürtel
zusammenbog, einige Stäbe gezogen waren,
die beim dreimaligen Schüttern des Armes, einen

ven hellen Klang gaben. Von der Linken aber
hieng ihr ein goldnes Trinkgeschirr herab, über
deſſen Handhabe, an der Seite wo ſie ſichtbar
war, eine Schlange ſich emporrekte, mit hoch-
erhabenem Haupte und geſchwollenem Naken.

Ihre ambroſiabuftende Füße dekten Schuhe
aus Blättern der Siegs-Palme geflochten.

Alſo geſchmükt und des ſeligen Arabiens
Wolgeruch um ſich her verbreitend, würdigte
die hohe Göttin mich folgender Anrede.

„Schau! Dein Gebet hat mich gerührt. 5
„Ich, Allmutter Natur, Beherrſcherin der Ele-
„mente, erſtgebohrnes Kind der Zeit, Höchſte
„der Gottheiten, Königin der Manen, Erſte
„der Himmliſchen; Ich, die in mir allein die
„Geſtalt aller Götter und Göttinnen vereine;
„mit Einem Wink über des Himmels lichte
„Gewölbe, die heilſamen Lüfte des Meers, und
„der Unterwelt klägliche Schatten gebiete; die
„alleinige Gottheit, welche unter ſo mancher-
„lei Geſtalt, ſo verſchiedenen Bräuchen, und
„vielerlei Namen der ganze Erdkreis verehret—
„Denn mich nennen die Erſtgebohrnen aller
„Menſchen, die Phrygier, Peſſinuntiſche Göt-
„ter-Mutter. Ich heiße den Athenienſern,
„Kindern ihres eignen Landes, Kekropiſche
„Minerva; den eiländiſchen Kypriern, Pa-

N 4 „phiſche

„phische Venus; den Pfeilführenden Kretern,
„Dictynnische Diana; den dreizüngigen Si-
„ciliern Stygische Proserpina; den Eleusi-
„nern, Alt-Göttin Ceres. Andere nennten
„mich Juno; andere Bellona; andere He-
„kate; Rhamnusia andere. Sie aber, wel-
„che die aufgehende Sonne mit ihren ersten
„Stralen beleuchtet; die Aethiopier, auch die
„Arier, und die Besitzer der ältsten Weisheit,
„die Aegyptier, mit den angemessensten eigen-
„sten Gebräuchen mich verehrend, geben mei-
„nen wahren Namen mir, Königin Isis. —
„Ich erscheine Dir aus Erbarmen über Dein
„Unglük. Ich komme zu Dir in Huld und
„Gnaden. Hemme denn den Lauf Deiner
„Thränen! Stelle ein Dein Trauren, Dein
„Klagen! Der Tag Deines Heils ist da, kraft
„meiner Allmacht; öfne nur Deine betrübte
„Seele meinem göttlichen Gebote!

„Der Tag, welcher auf diese Nacht folgt,
„ist mir durch uralte Gewohnheit geheiliget.
„Die Winterstürme sind vorüber; des Meeres
„Ungestüm hat sich gelegt; die Schiffart be-
„ginnt; Meine Priester weihen mir ein neuge-
„zimmertes Schif, und opfern mir die Erst-
„linge jeglicher Ladung. Erwarte ihren heili-
„gen Zug weder mit schüchtern noch frechem
„Gemü

„Gemüthe. Auf mein Geheiß wird der Hohe-
„priester einen Rosenkranz in der rechten Hand
„am Sistrum hangen haben. Dränge nur un-
„verzüglich Dich durch die Menge hindurch,
„gehe im Vertraun auf meinen Schuz, getrost
„dem Zuge entlang; bis Du Dich so nahe
„beim Hohenpriester befindest, daß Du unterm
„Scheine eines Handkusses unvermerkt einige
„Rosen ihm rauben kannst: So fort wirst Du
„die Gestalt dieses garstigen mir längst verhaß-
„ten Thieres ablegen! Fürchte bei Ausführung
„dieses meines Gebots keine Schwierigkeit.
„Denn in diesem selbigen Augenblike da ich hier
„vor Dir stehe, bin ich auch dort meinem Hohen-
„priester im Traume gegenwärtig und offen-
„bare ihm, was geschehen wird, und wie er
„sich dabei zu verhalten habe. Auf meinen
„Befehl soll vor Dir das herzudrängende Volk
„Plaz machen. Niemand soll bei der frohen
„Feierlichkeit und dem festlichen Schauspiele,
„Scheu vor diesem Deinem häßlichen Ansehen
„tragen; noch soll irgend ein böser Ausleger
„Deine plözliche Umwandlung boshafter Weise
„verunglimpfen. Nur sei eingedenk und ver-
„liere nicht aus Deinem Gedächtniß, daß mir,
„von nun an, Deine übrige Tage bis auf
„Deinen lezten Odemzug verbürgt sind! Denn

N 5   „billig

„billig bist Du derjenigen, durch deren Wolthat
„Du wieder unter die Menschen zurükkehrest,
„Dein ganzes Leben schuldig. Inzwischen wirst
„Du glüklich, wirst Du rühmlich unter mei-
„nem Schuze leben; und wann Du hier Dei-
„nen Weg vollendet hast, und zur Unterwelt
„hinabwandelst; so wirst Du auch dort, auf
„jener unterirdischen Halbkugel, mich, die Du
„vor Dir siehst, die ich des Acheron's Finster-
„nisse erleuchte, und in den Stygischen Behau-
„sungen regiere, als ein Bewohner der Elysi-
„schen Gefilde fleißig anbeten und meiner Huld
„Dich zu erfreuen haben. Ja, wofern Du
„Dich durch unabläßigen Gehorsam, durch
„gewissenhafte Beobachtung meines Dienstes,
„durch strenge Fasten und Keuschheit genugsam
„um meine Gottheit verdient machest: So
„wirst Du auch erfahren; daß allein es in mei-
„ner Macht stehe, Dir selbst das Leben zu fri-
„sten bis über das, vom Schiksal Dir bestimmte
„Ziel hinaus. „

Nachdem die ehrwürdige Gottheit also
huldreich zu mir gesprochen, wich sie in sich
selbst zurük.

Unverzüglich war mein Schlaf dahin, und
voller Furcht und Freude, und wie mit Schwei-
ße übergossen, stand ich auf. Im äußersten
Erstau-

Erſtaunen über die ſo offenbare Erſcheinung dieſer gewaltigen Göttin, wuſch ich mich abermals im Meere, und dachte ihren hohen Befehlen ſammt der beigefügten Ermahnung nach.

Kurze Zeit darauf, als das ſchwarze Gewölke der Nacht verſchwunden, und die goldne
Sonne hervorgieng; da ſah man alle Land-
ſtraßen mit einer großen Menge Leute angefüllt,
die zur heiligen Feierlichkeit aller Orten herzu-
kamen.

Alles und jegliches ſchien mir dermaßen
mit der Fröhlichkeit meines Herzens zu ſym-
pathiſiren; daß nicht allein die Thiere aller Arten, ſondern auch die Häuſer, ja der Tag
ſelbſt, mir heiterer und vergnügterer anzulächeln
ſchienen. Anſtatt des geſtrigen rauhen Nebels,
wallteten milde gelinde Lüfte. Ueberall, von
Frühlingsluſt begeiſtert, ſtimmten die Vögel
angenehme Concerte an, und begrüßten der
Geſtirne Mutter, die Fürſtin der Zeiten, und
des Weltall's Beherrſcherin mit lieblichem Ge-
ſange. Auch Fruchttragende und andere nur
Schattengebende Bäume, erwekt vom Hauche
der Mittagswinde, wiegten mit ſanftem Wol-
laute ihre Zweige, prangend mit den glänzen-
den Knospen junger Blätter. Jeglicher brau-
ſende Sturm ſchwieg; das Meer keine düſtere
Wogen

Wogen aufstürmend, spülte ruhig an das Gestade; und der Himmel, von Wolken rein,
schimmerte im blendenden Glanze seines eignen
Lichtes.

Siehe, da erschien allgemach der lustige
Vortrab des heiligen Aufzuges. Ein jeder
gieng nach seiner Fantasie aufs comischste mas-
kirt. Der Eine, mit einem Degengehenke über
die Schultern, stellte einen Soldaten vor;
der Andere, eine Chlamys um, einen Sebel
an der Seite, und einen Jagdspieß in der Hand,
war ein Jäger. Ein Dritter in goldnen Soken, von einem seidnen Gewände umflossen,
mit dem köstlichsten Geschmeide geschmükt, die
Haare um den Kopf in Flechten gewunden,
schwebte als ein Fräulein einher. Noch ein
anderer mit Halbstiefeln, Schild, Helm und
Dolch ausgerüstet, schien eben aus der Fech-
terschule zu kommen. Einer war auch da,
der mit einem purpurverbrämten Kleide angethan, Lictoren mit den Fasces vor sich her,
eine Magistratsperson machte. Nicht minder
sah man Einen mit Mantel, Stok, Pantof-
feln und langem Ziegenbarte, den Philosophen
spielen. Es fehlte auch nicht an solchen, die
mit Leim- und Angel-Ruthen den Vogelstel-
lern und Fischern nachäfften. Auf einem Trag-

sessel

feſſel prangte ferner ein zahmer Bär, in eine
vornehme Dame verkleidet, daher. Ein Affe
folgte ihm, wie der Mundſchenke des Zevs
herausgeputzt, einen Turban auf, einen ſaf-
rangelben, geſtikten Rok an, und eine goldne
Schale in der Hand.   Den Beſchluß machte
ein Eſel, den man Fittige angeklebt hatte, und
dem zur Seite ein ſchwacher Alter gieng: Dieſer ſollte den Bellerophon vorſtellen; ſo wie
jener den Pegaſus; man mußte lachen, wie
man ſie ſah.

   Nach dieſen Poſſen, die dem umherſchwär-
menden Volke unſägliches Vergnügen machten,
kam endlich die feierliche Proceſſion meiner
Schuzgöttin einhergezogen.   Weiber in blen-
dend weißen Gewändern, bekränzt mit jungen
Blüthen des Frühlings, trugen voller Freude
mancherlei Sachen.   Den Schoos mit Blumen angefüllt, beſtreueten die Einen den Weg,
welchen der heilige Zug nahm.   Andere führten aufm Rüken ſchimmernde Spiegel, in denen
der Göttin ihr zalreiches Gefolge, als ihr ent-
gegenkommend erſchien.   Einige hatten elfen-
beinerne Kämme in Händen, und thaten mit
Geberden und Bewegung ihrer Arme und Finger, als ſchmükten ſie das königliche Haar der
Iſis.   Noch andere beſprengten die Gaſſen mit
aller-

allerhand wolriechenden Salben, und mit köstlichem Balsam.   Darauf erfolgte eine große
Menge beiderlei Geschlechts, mit Lampen, Fakeln, Wachskerzen und anderen Arten künstlicher Lichter, zu Ehren der Mutter der Gestirne.
Allerlei liebliche Instrumente und Pfeifen ließen
sich nun hören.   Ein munteres Chor der aus-
erlesensten Jugend, mit schneeweißen ermellosen
Kleidern angethan, vermählte seine Stimme
mit ihren süßen Weisen, und sang ein Lied,
das ein großer Dichter, unter Eingebung der
Musen, auf gegenwärtige Gelegenheit gedichtet
hatte. Bei diesen Sängern befanden sich die Pfeifer des großen Serapis.   Auf Querpfeifen, die
nach der rechten Seite gehalten wurden, blie-
sen diese die beim Dienste dieses Gottes gewöhnlichen Melodien.   Izt kamen Herolde, die mit
weitschallender Stimme ausriefen: Plaz, Plaz
für die Heiligthümer! Hierauf strömten die in
den heiligen Gottesdienst Eingeweiheten einher,
sowol männlichen als weiblichen Geschlechts,
jeglichen Standes, jeglichen Alters.   Alle
trugen leinene Kleider von blendender Weiße;
die Weiber das gesalbte Haar in durchsichti-
gen Flor eingehüllt; die Männer das Haupt
so glatt geschoren, daß die Scheitel glänzte.
Diese irdischen Gestirne der erhabenen Religion
mach-

machten mit ehernen, silbernen, ja auch goldnen Sistrum's eine sehr hellklingende Musik. Allein die Oberpriester, in einem nahe anliegenden Gewande von weißer Leinwand, das ihnen bis auf die Füße hinabgieng, — trugen die Symbolen der allgewaltigen Götter. Der Erste hielt eine helleuchtende Lampe, denen, welcher wir uns bei unsern Schmäusen bedienen, eben nicht ähnlich; sondern von Gold, und in der Gestalt eines Nachens, in dessen Mitte eine breite Flamme aus einer Oefnung hervorloderte. Der Zweite, eben wie jener gekleidet, führte in beiden Händen Altäre, die mit besondern Namen Hülfsaltäre heißen; weil die Göttin sich vorzüglich hülfreich zu denselben herab zu neigen würdiget. Der Dritte hielt einen Palmzweig dessen Blätter sauber aus Gold gearbeitet waren, nebst einem geflügelten Schlangenstab, gleich dem des Mercurius. Der Vierte trug das Sinnbild der Billigkeit zur Schau; eine ofne linke Hand mit ausgestrekten Fingern; denn da die linke von Natur unbehend und langsam ist, so scheint sie der Billigkeit angemessener, als die Rechte. Eben derselbe Oberpriester trug auch ein goldnes Gefäß, in der Gestalt einer Brust gerundet; woraus er Milch opferte. Der Fünfte erschien mit

einer

einer Schwinge, die von goldnen Zweigen geflochten war; und der Sechste mit einem Waf-
ferkruge. Unmittelbar darauf sah man die
Götter selbst, die sich gefallen ließen, auf den
Füßen sterblicher Menschen einher zu wandeln.
Da war, mit schreklichem, langhalsigtem
Hundskopfe, der Bote der Obern= und Untern=
Götter *); Er trug sein halb schwarzes, halb
goldnes Antliz empor, und schwang in der
Linken ein Caducee, und in der Rechten einen
grünen Palmzweig. Dicht hinter ihm folgte
eine Kuh in aufrechter Stellung. Diese Kuh
— das segenvolle Bild der allgebährenden
Göttin — trug der seligen Priesterschaft Einer auf seinen Achseln mit großem Prunke. Von
einem andern wurde der mystische Korb getragen, welcher die Geheimnisse der wunderthäti-
gen Religion in seinem Innern verwahret. In
beiden Armen hielt ein anderer Glükseliger das
höchsten Wesens ehrwürdiges Bild. Weder
mit einem Vogel, noch mit einem zahmen oder
wilden Thiere, noch auch mit einem Menschen
hatt' es einige Aehnlichkeit; Doch war es, der
sinnreichen Erfindung und selbst der Neuheit
wegen, nicht nur anbetungswürdig, sondern
auch der unaussprechlichste Beweis der höhern,
aber in tiefstes Stillschweigen einzuhüllenden,

*) Anubis.   Reli-

Religion. Es war eine kleine, aus schimmerndem Golde sehr künstlich gebildete Urne, mit
rundem Boden; auswärts mit den wundersa-
men hieroglyphischen Characteren der Aegyptier
bezeichnet. Ihr kurzer Hals, der sich vorne
zu einer breiten Schnäppe verlängte, verlor.
hinten sich in eine wolgeschwungene Handhabe,
an welcher sich eine Schlange hinanwand, deren Kopf mit buntschuppigtem, giftgeschwol-
lenem Nasen, hoch darüber emporragte. Ganz
zuletzt erschien der Trost, die Hülfe, welche mir
die mitleidige Göttin verheißen. Mein Heil in
Händen, trat der Hohepriester einher. Vollkommen der göttlichen Offenbarung gemäß,
trug seine Rechte ein Sistrum für die Göttin,
und für mich einen Kranz, einen wahrhaftigen
Siegeskranz! denn nach so viel erbuldetem Elende, nach so viel bestandenen Mühen und Gefahren, ward ich nun endlich, mit dem Bei-
stande der höchsten Göttin, Sieger über mein
grausames Schiksal. Inzwischen ließ ich mich
nicht von jäher Freude hinreißen, und stürzte
blindlings hinzu, damit ich nicht die Ordnung
und Andacht der Procession stören möchte,
wann ich ungestüm angelaufen käme; sondern
so gesezt, so ehrfurchtsvoll, als immer ein
Mensch hätte thun können, schlich ich mich ganz

U. Theil.   O   gedukt

gebuft bis zu meinem Heiland allgemach hinan, indem auf göttliche Eingebung mir das Volk auf beiden Seiten auswich.

Da gemahnte es den Hohenpriester so fort seines nächtlichen Gesichts. In sichtbarer Verwunderung, daß alles genau mit demselben übereinträfe, blieb er stehen, reichte mir von selbst die Rechte hin, und hielt den verhängnißvollen Kranz mir dicht vor den Mund.

Zitternd und unter dem gewaltigsten Herzklopfen, ergrif ich mit gierigen Lippen den aus den schönsten Rosen gewundenen Kranz, und verschlang ihn hastig. Straks ward erfüllt die himmlische Verheißung!

Zusehends fiel die häßliche Thiergestalt von mir ab. Es vergieng das schmuzige Haar. Die Haut verdünnete sich. Der fette Pantsch zog sich ein. Aus den Hinterhufen drengten sich Zehen hervor. Zu Händen mit Fingern versehen, wurden die Voberhufe. Der lange Hals verkürzte sich. Kopf und Gesicht wurden rund. Die ungeheuern Ohren nahmen ihre vorige Kürze wieder an. Die tölpischen Zähne wurden menschlich. Und er, der, traun! mich mehr, denn alles übrige gekränkt hatte — der lange Zagel verschwand.

Es

Es staunte das Volk. Die Priester beteten an die Allmacht der Göttin, die sichtbar-
lich im Nu, gleichwie in einem Traumgesichte,
meine Verwandlung bewirkte. Aller Hände
waren gen Himmel gestrekt, und man hörte
nur einen Schrei des Erstaunens ob dem so
großen Wunder.

Mein Herz vermochte eine so plözliche so
überschwenkliche Freude nicht zu fassen. Starr
und stumm stand ich da, und wußte nicht, was
ich zuerst sagen; womit ich die wiedererhaltene
Stimme und Sprache am glüklichsten versuchen; und mit welchen Worten ich der wolthä-
tigen Göttin meinen Dank zu erkennen geben
sollte? Schier winkte der Hohepriester, — der
zwar von allen meinen Abentheuren durch göttliche Eingebung unterrichtet, darum aber nicht
weniger über das Wunder, das vor seinen Augen vorgieng, erstaunt war — daß mir ein
leinen Gewand gereicht würde; weil ich mich
von dem Augenblike an, als ich mich von der
garstigen Eselshülle befreiet fühlte, in mich
selbst zusammen geschmiegt hatte, und solchergestalt, und mit vorgehaltenen Händen, so
gut ich nur konnte meine Blöße zu deken suchte.
Einer von den Geweiheten zog alsofort seinen
Oberrok aus, und warf mir ihn schleunigst
über.　　　　　D 2　　　　　Nun

Nun hub der Hohepriefter mit fröhlichem
Gefichte, und begeiftert über meine Menfch-
werdung, alfo an:

"Willkommen, o Lucius, nach fo viel und
"mancherlei beftandenen Abentheuren; nach fo
"wilden erlittenen Stürmen und Ungewittern
"des Schiffals: willkommen im Hafen der
"Ruhe! willkommen am Altare der Barmher-
"zigkeit! Schau: Troz Deiner Geburt, Dei-
"nes Standes, Deiner großen Gelehrfamkeit
"felbft; bift Du auf der fchlüpfrigen Bahn der
"Jugend geglitten, zur Buhlerei mit einer
"Magd hinabgefunken, und haft einen unfeli-
"gen Vorwiz theur bezahlt: Und troz feiner
"Blindheit, feiner Bosheit, feiner Schaden-
"freude, hat das feindfelige Glük durch die
"fchlimmften Widerwärtigkeiten Dich hieher zu
"Deinem Heile geführt. Es gehabe fich nun
"wol, und gehe und übe an andern Wut, und
"fuche andere Gegenftände für feine Graufam-
"keit! Wer, wie Du, von unferer erhabenen
"Göttin zum Diener erkoren; der ftehet außer
"der Macht deffelben. Mag es Dir noch fo
"fehr, durch Räuber, durch wilde Thiere, durch
"Sklaverei, durch mühfelige Märfche, durch
"tägliche Todesgefahr, — mitgefpielt haben:
"Der Tyrannei des blinden Wefens ift nun ein
Ende.

„Ende. Du bist in den Schuz einer sehenden
„Gottheit aufgenommen, die auch die übrigen
„Götter durch den Schein ihres Lichtes erleuch-
„tet! Nimm denn eine fröhliche Miene an, so
„wie sie sich zu diesem weißen Gewande schikt,
„und begleite mit Frohloken das Gepränge Dei-
„ner göttlichen Wolthäterin. Es sehen Dich
„die Ungläubigen; sehen Dich, und erkennen
„ihren Irrthum! Schauet auf, Ihr Unglükse-
„lige! Sehet da des durch die Allmacht der
„großen Isis vom Elende erretteten Lucius
„Triumph über das Unglük! Doch, um siche-
„rer, um desto beschirmter forthin zu wandeln,
„so verleibe Dich, o Lucius, auf der Stelle
„unserm heiligen Orden ein; unterziehe frei-
„willig Dich, mit unbedingtem Gehorsam un-
„sern gottesdienstlichen Sazungen: bis für
„Dich der glükliche Augenblik kommt, da Du
„das feierliche Gelübde wirst ablegen dürfen!
„Je früher Du Dich der Göttin weihest; je
„süßere Früchte wirst Du für Deine hingege-
„bene Freiheit einerndten."

Nachdem der Hohepriester also mit heiliger
Salbung gesprochen, schwieg er keichend. Ich
aber mischte mich unter die Geweiheten, und
begleitete den heiligen Zug.

Da hätte man sehen sollen, wie nach mir
geguft wurde! Alle Welt wollte mich kennen.
Einer wies mich immer dem Andern, bald
durch Winke, bald durch Fingerzeigen; und
wohin ich mich wandte, hört' ich wispern:
„Da, da geht der, welchen heut die allmäch-
„tige Isis wiederum zum Menschen verwandelt
„hat! Wie glüflich, wie selig ist er doch zu
„preisen! Er muß vorher einen sehr unschuldi-
„gen, tugendhaften Lebenswandel geführt ha-
„ben, daß ihm eine so ausnehmende Gunst
„des Himmels wiederfahren; und so wie er
„nur, gleichsam, wieder in das Leben getreten,
„er so gleich auch zum Priester angeworben
„worden ist!„

Unter solcherlei Gerede, und unterm Ge-
töse feierlicher Gebete, rükten wir allmählich
fort, bis wir dem Gestade naheten, und endlich an denselben Ort kamen, wo ich vergangene Nacht meine Ruhestätte gehabt hatte.

Daselbst wurden die Bilder der Götter gehörig in Ordnung aufgestellt. Mit keuschem
Munde verrichtete sodann der Hohepriester ein
förmliches Gebet, reinigte mit brennender Fakel, Ey und Schwefel, ein künstlich gezimmer-
tes und ringsumher mit Aegyptischen Wunder-
Male-

Malereien geziertes Schif, und weihete, und
heiligte es der Göttin.

Im blendenden Segel dieses heiligen Kiels
stand mit großen Buchstaben das Gelübbe für
die gesegnete Schiffart des neuen Jahres geschrieben.　Hoch erhob sich der runde glattbe-
hauene Tannen-Mast mit wallendem Wimpel.
Auf dem Hintertheile prangte eine verguldete
Gans mit gewundenem Halse; und über und
über glänzte das ganze Schif von geglättetem
köstlichem Citronenholz.

Nun kamen Priester und Laien und trugen
in die Wette Körbchen voll Gewürze und solcherlei Geschenke herbei; und gossen eine Milch-
Mährte über die Wellen hin.

Als endlich das ganze Schif mit reichli-
chen Gaben und Sühnopfern angefüllt war;
so wurden die Ankertaue gelöset, und ein eigner frischer Wind trieb es in die hohe See.

So bald es aus unserm Gesichte verschwunden war, nahmen die heiligen Träger einjegl-
cher dasjenige wieder, was er gebracht hatte;
und unter denselbigen Gebräuchen, worunter
die feierliche Procession gekommen, kehrte sie
fröhlich wieder nach dem Tempel zurük.

Wie wir vor dem Tempel angelangt waren, begab sich der Hohepriester nebst denen,

　.　welche

welche die Bilder der Götter trugen; und denen,
welche vorlängst in das Allerheiligste waren
aufgenommen worden; in die Sakristei der
Göttin und sezten allda gehörig die athmenden
Bilder nieder. Darauf erschien einer von ihnen, der von allen der Geheimschreiber genannt wurde, vor der Pforte, und berief das
Collegium der Pastophoren (Erzpriester) zusammen. So dann sprach er von einer hohen Kan-
zel herab, aus einem Buche, und aus beson-
deren Schriften, den Segen über den Kaiser,
den Senat, die Ritter, und das ganze Rö-
mische Volk; über die Schiffarth und über alles aus, was der Herrschaft unsres Reiches
unterthan ist; und schloß endlich mit der For-
mel: Gehet nun heim, es ist vollbracht!
Amen, antwortete auf sein Gebet mit lautem
Geschrei die Gemeinde, Amen! und heilige
Zweige und Kräuter oder Kränze tragend, küß-
ten alle mit Freuden überströmt, die Füße der
Göttin, die aus Silber gebildet, auf den Stu-
fen des Tempels stand; und zogen dann, jeglicher seines Weges, heim. Ich aber, ich
konnte es nicht von meinem Herzen erlangen,
nur einen Finger breit von bannen zu weichen.
Meine ganze Seele auf der Göttin Ebenbild geheftet, blieb ich da, und dachte meinem Schik-
sale nach. Unter-

Unterdessen hatte das flügelschnelle Gerücht
nicht gesäumet, flugs in meinem Vaterlande
der huldreichen Göttin große Wolthat nebst
meinen sonderbaren Abentheurn hin und wieder auszuposaunen. Eiligst kamen Freunde
und Diener und meine nächste Blutsverwand-
ten, nach abgelegter Trauer über die falsche
Nachricht von meinem Tode vor plözlicher
Freude außer sich, mit allerlei Geschenken herbei, mich durch göttliche Gnade Neugebohr-
nen wieder zu sehen. Ihr Anblik war mir ein
wahres Labsal, da ich schon alle Hofnung auf-
gegeben hatte, sie jemals mit Augen wieder zu
schauen. Für ihre Geschenke aber bedankte ich
mich herzlich, da meine Familie mir soviel ge-
schikt hatte, als ich überflüßig zu Kleidung
und Lebensunterhalt brauchte.

Nachdem ich mich mit einem jeglichen von
ihnen aufs freundschaftlichste unterhalten, und
allen meine erlittene Trübsale und meine
izige Glükseligkeit erzehlt hatte; kehrte ich
wiedrum zum Anschaun meiner Göttin zurük.

Ich miethete mir ein Haus innerhalb der
Ringmauren des Tempels; worin ich meine
Wohnung eine Zeit lang aufschlug, um desto
bequemer mit den Priestern der Göttin Umgang
zu pflegen, und unzertrennlich mit denselben

ben öffentlichen und privat Gottesdienst abzu-
warten. Da gieng auch keine Nacht hin; der
Schlaf schloß kein einzig Mal meine Augen:
Daß die Göttin mich nicht in einem Gesichte
ermahnt hätte; mich, der ich vorlängst schon
zu ihrem Dienste berufen wäre, doch endlich
einweihen zu lassen! Indessen, so sehnlich ichs
auch selbst begehrte; so hielt mich dennoch eine
heilige Furcht davon zurük. Ich hatte beob-
achtet, daß diese Religion sauer zu erfüllende
Pflichten auferlege; zuvielerlei Enthaltsamkeit
fodere; und das Leben, das leider! der Mühen schon genug hat, durch gar zu strenge
Selbstverläugnung, noch mehr erschwere. Je
mehr ich das bedachte; desto mehr eilt' ich mit
Weile.

Eine Nacht aber schien es mir im Schlafe;
ich sähe den Hohenpriester mir den Schooß voll
Sachen bringen, und als ich ihn fragte, was
ich denn damit solle? da gäb' er mir zur Antwort: So eben wären mir diese Sachen aus
Thessalien, sammt meinem Diener Schimmel,
nachgeschift worden.

Lange sann ich beim Erwachen hin und her,
was dies Gesicht wol zu bedeuten haben möchte? zumal, da ich gewiß war, niemals einen
Kerl, der Schimmel geheißen, in meinen Dien-

sten

sten gehabt zu haben. Wie ich aber auch meinen Traum drehen und wenden mochte; so konnt' ich mir dennoch nichts weiter daraus nehmen, denn allenfalls eine Hofnung zu einem bevorstehenden Glüke; weil mir doch Sachen waren zugebracht worden.

Unruhig in der Ahndung irgend einer frohen Begegniß, harrete ich der Eröfnung des Tempels am Morgen.

Die weißen Vorhänge wurden endlich aufgezogen. Wir beteten vor dem ehrwürdigen Bilde der Göttin. Der Hohepriester gieng von einem umherstehenden Altar zum andern, verrichtete Opfer, und goß unter feierlichen Gebeten aus dem Weihkessel, der aus einem Quell im Allerheiligsten des Tempels gefüllt worden, Wasser aus. Dieß aufgebührende Weise vollbracht, begannen alle Eingeweiheten laut die Frühmette zu singen. Und siehe da! die Bedienten, die ich zu Hypata gelassen hatte, als Fotis aus Versehen mich zum Langohr gemacht, traten herein. Meine mütterliche Anverwandten brachten sie mir nebst meinem Pferde, das sie, nachdem es schon durch verschiedene Hände gegangen war, an einem Zeichen aufm Rüken wiedererkannt und revindicirt hatten. Zu meiner großen Verwunderung sah ich also meinen

nen Traum vollkommen ausgehen; sah die mir
verheißnen Sachen; sah meinen treuen Thessalischen Schimmel, der als ein Bedienter mir
war angedeutet worden!

Hierdurch bewegt, widmete ich mich mit
desto lebendigerm Eifer dem Dienste der Göttin.
Diese gegenwärtigen Wolthaten waren mir für
meine zukünftige Hofnungen Bürge. Nicht
minder entflammete von Tage zu Tage je mehr
und mehr meine Begierde nach der Empfängniß
der Heiligthümer. Mit den dringendsten Bitten lag ich zum öftern dem Hohenpriester an,
mich in der Weih-Nacht Geheimnisse aufzunehmen. Allein dieser fromme, im Rufe der lau-
tersten Gottesfurcht stehende Mann, wußte
immer mit eben so viel Freundlichkeit und Milde,
als nur ein liebreicher Vater bei Bezähmung
des jugendlichen Ungestüms seines Sohns anwenden kann — die Ungeduld meiner Seelen
durch süße Hofnung hinzu halten. „Die Gött-
„in — sagt' er — bestimme durch unmittel-
„bare Eingebung allemal zuvor, sowol den Tag
„der Weihe, als auch den Priester, welche die-
„selbe zu verrichten, und den zur Feierlichkeit
„erforderlichen Aufwand. Ob diese Weissa-
„gung auch verziehe, so müss' ich ihrer dennoch
„mit geziemender Geduld harren. Zudringlich-
„keit

„keit seie eben so gefährlich, als Widerspen-
„stigkeit. Ich versündige mich nicht minder an
„der Göttin, wann ich ihrem Ruf voreilig zu-
„vor-; denn saumselig nach- käme. Niemand
„aus seinem Orden besitze auch eine so ruchlose
„Frechheit, das Geschäft der Einweihung zu
„übernehmen ohne gleichfalls seiner Seits aus-
„drüklichen Befehl der Göttin dazu erhalten zu
„haben: Das hieße, sich des Todes schuldig
„machen.	*) In den Händen der Isis läge
„überhaupt das Leben eines jeglichen Menschen,
„lägen die Schlüssel zum Reiche der Schatten:
„In ihren Mysterien würde Hingebung in einen
„freiwillig gewählten Tod, und Wiedererlan-
„gung des Lebens durch die Gnade der Göttin,
„gefeiert und vorgestellt. Auch pflege die Gött-
„in nur solche zu erkiesen, die nach vollbrach-
„ter Lebenszeit am Rande des Grabes sich be-
„fänden! weil denen der Religion große Ge-
„heimnisse am sichersten könnten anvertrauet
„werden. Durch ihre Allmacht würden diesel-
„ben dann gleichsam wiedergebohren und zu ei-
„nem neuen Leben zurük geführt. Wäre
„ich nun gleich aus besonderer, sichtbarer
				„Gunst

*) In beiden nachstehenden Perioden bin ich wört-
	lich dem Herrn Professor Meiners, (S. 330. sei-
	ner Abh. über die Mysterien der Alten) gefolgt.

„Gunst der großen Göttin, vorlängst schon zu „ihrem seligen Dienste auserkohren und beru= „fen: So müß' ich demohnerachtet mich jener „himmlischen Verordnung unterwerfen; mich, „gerade wie ihre andere Diener, aller unheili= „gen und verbotenen Nahrungsmittel von nun „an enthalten: Ich würde dadurch um desto „fähiger, zu den verborgensten Geheimnissen „der allerreinsten Religion zugelassen zu werden.„

Also der Hohepriester.

Ich schikte mich denn in Geduld, und be= fliß mich mit stiller Gelassenheit und anständi= gem Stillschweigen Tag täglich des Gottesdien= stes auf das allereifrigste.

Aus Huld täuschte mich die mächtige Göttin nicht; noch ließ sie mich lange nach meinem Heile schmachten. Im Dunkel der Nacht offenbarte sie mir durch nichts weniger als dunkele Worte: Er sei gekommen der Tag, der mir ewigwünschenswerthe Tag, an dem ich des allerhöchsten Glükes solle theilhaftig werden! Zugleich bestimmte sie den Aufwand, den ich bei der Einweihung zu machen, und er= nannte gar ihren Hohenpriester Mithras selbst, zu meinem Mystagogen (Einführer in die heiligen Geheimnisse); weil er, wie sie sagte.

durch

durch eine gewisse Uebereinkunft der Gestirne
mit mir verwandt sei.

Kaum grauete der Tag, so sprang ich schon
vor Freuden über die gnadenreichen Befehle der
hohen Göttin aus dem Schlafe auf, und lief
zur Wohnung des Hohenpriesters hin.   Er
trat eben aus seiner Zelle.   Indem ich ihn be-
grüßen, und nun aufs dringendste die Aufnahme, als eine heilige Pflicht, von ihm hei-
schen wollte; so ward er mich gewahr, und
kam mir durch folgende Anrede zuvor:

»Heil Dir, o Lucius, den die hehre Isis
»eines so auszeichnenden Wolwollens würdi-
»get! Und Du säumest noch? verweilest Dich
»selbst? Er ist ja nun da der Tag, der von
»Dir so sehnlich erwünschte Tag, an dem, auf
»der vielnamigen Göttin Geheiß, Du von mir
»selbst in ihrer Religion heilige Geheimnisse sollst
»eingeweihet werden!»

Somit reichte mir freundlich der Alte seine
Rechte, und führte mich straks zur Pforte des
geräumigen Tempels.   Mit feierlichem Ge-
brauche verrichtete er das Amt der Eröfnung;
und nach Vollendung des Morgenopfers, holte
er Bücher aus dem Allerheiligsten hervor, welche mit unbekanten Characteren geschrieben
waren.   Sie enthielten gewisse Formeln, wel-

che,

che, theils durch die sinbilderische Bedeutung
der Figuren allerhand Thiere, theils durch ver-
schränkte, nach Art eines Rades gewundene,
oder wie die Gäbelein der Weinreben sich rin-
gelnde Züge, — vor dem Verständniß jedes
vorwizigen Unheiligen gesichert waren. Hier-
aus las er mir alles vor, was ich zur eigent-
lichen Einweihung vorzubereiten und anzuschaffen hätte.

Also fort kauft' ich aufs geflissentlichste und
überflüßigste alles Nöthige, theils selbst, theils
durch meine Bekannten, zusammen.

Wie es endlich, nach des Hohenpriesters
Angabe, die Zeit erfoderte, so führte er mich,
vom ganzen Priesterschwarme begleitet, in das
nächste Bad. Erstlich mußt' ich mich, nach gewöhnlicher Weise, baden; darauf hielt er ein
Gebet über mich, besprengte mich über und
über mit Weihwasser, und reinigte mich.

Im Tempel zurük, ließ er mich, da schon
zwei Theile des Tages vorüber waren, zu den
Füßen der Göttin hintreten; und nachdem er
mir insgeheim gewisse Aufträge ertheilt hatte,
die ich zu verschweigen habe; so gebot er mir
endlich ganz laut, daß es alle Anwesenden
hören konnten: Zehn Tage lang der Werke der
Venus

Venus *) mich zu enthalten, und weder Fleisch-
speisen zu essen, noch Wein zu trinken.

Ich erfüllte diese geheiligten Vorschriften
mit aller Gewissenhaftigkeit.

Nun war der Tag der Einweihung da.
So bald sich die Sonne gen Abend neigte, flossen allenthalben her die Leute zusammen, und
verehrten mir, nach altem gottesdienstlichem
Brauche, allerhand Geschenke. Darauf mußten sich alle und jegliche Profanen entfernen;
ich wurde mit einem groben leinenen Gewande
angethan, und der Hohepriester führte mich
bei der Hand, in das innerste Heiligthum des
Tempels ein.

Viel-

*) Anstatt cibariam voluptatem les' ich vene-
ream — —. Da unmittelbar darauf folgt:
neque ullum animal essem; so würde ja der Fasten doppelt, des Gebots der Keuschheit aber,
gar nicht erwehnt, welches doch eine der vor-
züglichsten Sazungen des Isischen Gottesdien-
stes war, wie wir aus des Tibull lib. 1. El. 3.
v. 26. und des Properz lib. 2. El. 33. wissen.
Sonst verbreitet dieses eilfte Buch des Goldnen
Esels ungemein viel Licht über diese beiden ange-
führten Gedichte, wie auch noch über die siebente
Elegie im ersten Buche des Tibulls; Den Lieb-
habern dieser liebenswürdigen Dichter zum besten,
sei dies hier gelegentlich angemerkt!

Vielleicht fragst Du hier neugierig, geneigter Leser, was nun gesprochen und vorgenommen worden? — Wie gern wollt' ichs sagen! wenn ich es sagen dürfte. Wie heilig solltest Du es erfahren! wenn es Dir zu hören erlaubt wäre. Allein Zunge und Ohr würden gleich hart für den Frevel zu büßen haben!

Doch, es möchte Dir schaden, wenn ich Deine fromme Neugier so auf die Folter spannte: So höre denn und — glaube; traun! es ist wahrhaftig.

Ich gieng bis zur Grenzscheide zwischen Leben und Tod. Ich betrat Proserpinens Schwelle und nachdem ich durch alle Elemente gefahren, kehrt' ich wiederum zurük. Zur Zeit der tiefsten Mitternacht sah ich die Sonne in ihrem hellsten Lichte leuchten. Ich schauete die Untern- und Obern-Götter von Angesicht zu Angesicht, und betete sie in der Nähe an.

Siehe! nun hast Du alles gehört. Aber auch verstanden? Unmöglich! So vernimm wenigstens, was ich ohne Sünde Dir Laien verständlich machen kann!

Erst gegen Morgen war die Einweihung vollendet. Ich hatte während derselben zwölfmal die Kleidung verändert, und gieng endlich aus dem Innersten des Tempels in einem Auf-

zuge

guge hervor, der zwar auch myſtiſch war, von
dem aber kein Geſez verbietet, ganz frei zu reden; da mich darinnen ſogar ſehr viele Anwe-
ſenden geſehen haben.

Mitten in dem Tempel mußte ich vor der
Göttin Ebenbild auf eine hölzerne Bühne hintreten. Mein Leibrok war von Kattun mit
bunten Blumen bemahlt; und von den Schultern herab bis zu den Ferſen fiel mir ein köſtli-
cher Mantel, auf deſſen beiden Seiten allerhand Thiere von verſchiedenen Farben zu ſehen
waren; hier Indiſche Drachen; dort Hyperbo-
reiſche Greife in Löwen-Geſtalt, aber mit Ad-
ler-Köpfen und Flügeln, wie ſie die andere
Welt hervorbringt. Bei den Eingeweiheten
heißt dieſer Mantel, die Olympiſche Stole.

Ich führte eine brennende Fakel in der rechten Hand, und war mit einem Kranze von
Palmblättern geziert, die ſo geordnet waren,
daß ſie um mein Haupt gleich Stralen her-
umſtanden.

So als Bild der Sonne ausgeſchmükt,
ſtand ich gleich einer Bildſäule da. Ein Vorhang öfnete ſich, und zeigte mich den neugieri-
gen Blikken des Volkes.

Hierauf begieng ich den erfreulichen Ent-
ſtehungs-Tag der Myſterien mit letern und fröh-

lichen

lichen Gastmälern. Am dritten Tage aber
wurde, den heiligen Sazungen gemäß, mit allerhand Feierlichkeiten, der Beschluß der Schmau-
sereien und der ganzen Einweihung gemacht.

Noch einige Tage blieb ich da, mich mit
unsäglicher Wonne am Anblike des Götterbil-
des zu weiden; ich war durch eine zu unvergelt-
bare Wolthat verpflichtet. Nachdem ich in
Demuth mich — zwar nach meinem geringen
Maße, doch bei weitem noch nicht vollkommen — alles Dankes entlediget hatte: So
schikt' ich mich endlich auf ausdrükliches Geheiß
der Göttin, zu meiner Abreise an. Kaum vermochte ich die Bande der inbrünstigsten Liebe,
die mich bei meiner Wolthäterin zurükhielten,
zu lösen. Vor ihrem Angesichte stürzt' ich nieder, und wusch lange in stummer Betäubung
ihre Füße mit meinen Küssen; bis ich zulezt
unter Thränen in diese, von häufigem Schluch-
sen unterbrochnen, erstikten, Worte ausbrach:

„Göttin! Heilige, ewige Erhalterin des
„Menschen-Geschlechts! Die Du nicht auf-
„hörest Schuz den schwachen Sterblichen zu
„verleihen; Die Du dem Elenden die milde Zärt-
„lichkeit einer Mutter angedeihen lässest! Kein
„Tag, keine Nacht, kein geringer Augenblik
„schwindet leer an Deinen Wolthaten dahin.

Zu

„Zu Waſſer und zu Lande beſchirmeſt Du die
„Menſchen, ferneſt von ihnen jegliche Lebensge-
„fahr, und reicheſt ihnen Deine hülfreiche
„Rechte, mit welcher Du das verworrene Ge-
„webe des Schikſals auseinander wirreſt, die
„Unglüksſtürme ſchweigeſt, und der Sterne
„ſchädlichen Lauf einhältſt. Dich verehren die
„Obern- und Untern-Götter. Du wirbelſt
„die Erde im Kreiſe herum; entzündeſt das Licht
„der Sonnen; regiereſt die Welt; und hältſt
„den Tartarus unterthan. Dir antworten die
„Geſtirne, jauchzen die Götter, kehren die
„Jahrszeiten, und dienen die Elemente. Auf
„Deinen Wink wehen die Lüfte, füllen ſich die
„Wolken, keimt das Geſäme und ſprießet das
„Gras. Deine Majeſtät ſcheuen die Vögel
„unterm Himmel, die wilden Thiere auf den
„Bergen, die Schlangen in den Klüften, und
„die Ungeheuer im Meer. Doch, ich bin zu
„ſchwach an Geiſte Dein Lob zu preiſen; bin
„zu arm an Habe, Dir würdige Opfer zu brin-
„gen; Fülle der Worte gebricht mir, das Ge-
„fühl Deiner Herrlichkeit auszuſprechen. Ja,
„leihe tauſend Mäuler mir, und eben ſo viele
„Zungen, nebſt einem ewigen Fluß ununter-
„brochener Rede: dennoch bin ich zu ohnmäch-
„tig. So laß Dir denn wolgefallen, was

P 3   demü-

„demüthiglich meine fromme Armuth Dir an-
„lobt! Ewig soll Dein göttliches Antliz; ewig
„Dein benedeieter Name: hochverehrt im in-
„nersten Heiligthume meines Herzens leben!„

  Nachdem ich also zur Göttin gebetet, nahm
ich auch vom Hohenpriester Mithras Abschied.
Mit einer Rührung, als wenn ich mich von
meinem Vater trennen müßte, hing ich an seinem Halse, und küßte ihn, und bat ihn um
Vergebung, wenn ich die von ihm mir erwiese-
nen großen Wolthaten nicht würdiglich zu ver-
gelten vermöchte. Endlich nach langen, herz-
lichen Danksagungen verließ ich ihn, und begab mich hinweg.

  Mein Sinn war gerade nach meiner Hei-
math gerichtet; von der ich nun so lange Zeit
abwesend gelebt hätte. Inzwischen nach wenig Tagen mußt' ich auf Antrieb der Göttin
meine Sachen über Hals und Kopf zu Schiffe
bringen, und gen Rom segeln. Mit günsti-
gem Winde erreichte ich schnell und glüklich den
Hafen; nahm einen Wagen, und kam wolbe-
halten am zwölften December, gegen Abend,
in dieser hochheiligen Hauptstadt an.

  Täglich war meine vornehmste Sorge, die
Königin Isis anzubeten; deren erhabene Gottheit allda unter dem, von der Lage des Tem-

... aufgenommenen Namen, Isis vom Mars-
felde, mit der größten Heiligkeit verehrt wird.
Ich ward einer ihrer eifrigsten Diener, zwar
fremd im Tempel, doch in der Religion ein-
heimisch.

Siehe! als die große Sonne, nach durch-
laufnem Thierkreise, das Jahr vollendet; da
erschien mir die wolthätige Göttin wiederum
im Traume, und ermahnte mich zu einer aber-
maligen feierlichen Aufnahme und Einweihung
in die Geheimnisse.

Ich konnte nicht begreifen, was dies vorstellen, was dies bedeuten sollte. Denn eingeweihet glaubt' ich schon aufs Vollkommenste
zu sein. Endlich, nachdem ich lange den
Scrupel mit mir herumgetragen hatte; so zog
ich die Priester darüber zu Rathe. Welch ein
neues, wunderbares Licht gieng mir da auf!

„Ich wäre zwar — sagten sie — in der
„Göttin Geheimnisse eingeweihet; aber in die
„des großen Gottes, des höchsten Vaters der
„Götter, des unüberwindlichen Osiris, wäre
„ich noch nicht aufgenommen. Ohnerachtet
„beider Gottheit und Religion verbunden, ja
„ganz dieselbige sei; so wäre dennoch ein we-
„sentlicher Unterscheid zwischen der Weihe.
„Daher sollt' ich nur denken, daß ich auch

„zum

„zum Diener des großen Gottes berufen
„würde.„

Der Knoten wurde bald gelöset.

In einem Gesichte sah ich in der folgenden
Nacht einen von den Priestern. Mit einem leinenen Gewande angethan, brachte er mir Thyr-
susstäbe, und Epheuzweige, und andere Sachen, die ich nicht sagen darf, in das Zimmer;
saß auf meinen Stuhl nieder und gebot mir
einen Einweihungsschmaus zu veranstalten.
Zulezt zeigte er mir — zum Merkmale, woran
ich ihn wiedererkennen möchte — daß an
seinem linken Fuße der Knöchel dergestalt ver-
renkt sei, daß er hinke.

Nach einer so offenbaren Willenserklärung
der Götter, waren alle meine Zweifel gehoben.
So bald also der Göttin Frühmette vorbei war,
betrachtete ich mir alle Priester aufmerksam,
ob keiner darunter sei, der gleich meinem Traumgesichte hinke. Ich entdekte wirklich einen. Es
befand sich jemand unter den Pastophoren
(Erzpriestern), der nicht allein wegen des Merk-
mals am Fuße; sondern auch an Statur und
Mienen vollkommen demjenigen ähnlich war,
der mir im Traume erschienen. Wie ich nachher erfuhr, hieß er Afinius Marcellus (Dürr-
Esel;)

Efel;) ein Name, der mit meiner vormaligen Verunstaltung in Verwandtschaft stand.

Unverzüglich trat ich ihn an. Er wußte aber schon, was ich ihm sagen wollte; denn er hatte gleichfalls Befehl erhalten, meinen Mystagogen abzugeben. In vergangener Nacht hatte es ihm geschienen, als habe ihm der große Gott — während er demselben Kränze aufsezte — mit dem Munde, der aller Menschen Schiksal bestimmet, deutlich verkündet: „Er „werde ihm einen Madaurer *) zuschiken, den „er troz seiner Armuth, sogleich in seine My„sterien einweihen solle; weil dieser dermaleins, „durch seine Fügung, sich sehr in den Wissen„schaften hervorthun; er aber einen ansehnli„chen Schaz finden würde.

Solchergestalt zur Einweihung auserwählet, wurd' ich gleichwol durch meine wenige Baarschaft, aber sehr wider meinen Willen, davon zurükgehalten. Nicht allein, daß meine geringe Habe auf der Reise ziemlich geschmolzen war; so überstieg auch der zur Aufnahme erfoderliche Aufwand in Rom, bei weitem denjenigen, welchen ich in der Provinz dabei zu

P 5 machen

*) Hier macht Apulejus den Lucius mit einmal zu einem Madaurer, nachdem er ihn vorn überall zu einem Griechen gemacht.

machen genöthiget gewesen. Man kann nicht
mehr, als ich bei dieser Gelegenheit, die drü-
kende Last der Armuth fühlen! Das Messer
stand mir — mit einem alten Sprichworte zu
reden — an der Kehle; da die Gottheit mich
immerfort zur Erfüllung meines Berufes
antrieb.

Endlich, nachdem ich lange einmal über
das andere vergebens erinnert worden, und
ich mir gar nicht anders mehr zu helfen wußte;
So verkaufte ich meine Garderobe; womit ich
denn — so geringe sie auch war — die erfoderliche Summe noch zusammenbrachte. Zur
geschah es auch nur auf besondere Anmahnung.

„Wie? — hieß es — Du, der Du kein
„Bedenken tragen würdest, um ein nichtiges
„Vergnügen so gar Deinen Rok vom Leibe da-
„hin zu geben: Du stehest noch an, Dich, um
„so großer Geheimnisse willen, einer verdienst-
„lichen Armuth in die Arme zu werfen?„

Ich schafte denn alles in Ueberfluß an, was
nöthig war; ließ mich wiederum zehn Tage
lang an leblosen Speisen genügen; und nachdem ich nun auch in die nächtliche Orgyen des
größten Gottes, Serapis *), aufgenommen
war, besucht' ich noch fleißiger als zuvor den
heiligen

---

*) Serapis und Osiris ist einerlei.

heiligen Gottesdienst, mit dem volkommen-
sten Vertraun in die geschwisterliche Religion.

In dieser Lage genoß ich nicht allein der
größten Gemüthsruhe, ohnerachtet ich in der
Fremde lebte; sondern ich hatte auch noch mein
reichliches Auskommen; denn das Glük gab
sein Gedeihen zu den Rechtshändeln, der ich
mich vor Gericht annahm.

Inzwischen es währte nicht lange, so erschienen mir, ehe ich mir's versah, die Götter
aufs Neue, und heischten von mir, zum dritten Male mich weihen zu lassen.

Sorgenvoll, wußt' ich nicht, was ich darüber denken sollte. So sehr ich mir auch den
Kopf zerbrach; so konnt' ich doch auf keine
Weise, weder die Absicht der Himmlischen errathen; noch mir vorstellen, was, nach einer
wiederholten Weihe, mir noch fehlen könnte?
wofern beide Hohepriester anders mich nicht
hintergangen, oder vielleicht mir manches vor-
enthalten hätten. Fast war mir ihre Ehrlichkeit verdächtig.

Indem ich aber also auf diesem Meere um-
ruhiger Gedanken umherschwankte, und meinen Verstand bald darüber verloren hätte; so
erhielt ich durch ein Traumgesicht folgende Offenbarung:

„Sei

„Sei unbesorgt! Nichts ist bei Deinen vo-
„rigen Einweihungen versehen worden! Wenn
„Du izt zu einer Dritten aufgefodert wirst;
„so geschicht es blos, weil Dir die Götter vor-
„züglich hold sind.   Freue Dich denn, und
„jauchze! Was andere kaum Einmal, das
„wirst Du Dreimal werden.   Kraft dieser Zal
„— glaub' es fest — wirst Du ewig glükse-
„lig sein! Uebrigens ist diese künftige Einwei-
„hung umumgänglich nöthig.   Bedenke nur,
„daß das Gewand der Göttin, welches Du in
„Griechenland angelegt hast,   allda in ihrem
„Tempel zurükgeblieben ist; und daß zu Rom
„Du Dich dieses heiligen Schmukes weder an
„gewöhnlichen noch außerordentlichen Beth-
„und Dank-Festen bedienen kannst.   Darum
„— mit Heil, Glük und Segen! — laß Dich
„hinwiedrum einweihen; und folge fröhlichen
„Muths der Eingebung der großen Götter!„

Hierauf zeigte mir der durch göttliche Allmacht mir zugesandte überredende Traum an;
was ich anzuschaffen, und weiter zu thun hätte.

Ich nahm so nach keinen Anstand; sondern
hinterbrachte gleich meinem Erzpriester das ge-
habte Gesicht; unterzog mich dem Joche der
Fasten; verdoppelte freiwillig die durch ein un-
verbrüchliches Gesez gebotene zehntägige Frist
der

der Enthaltsamkeit; und kaufte aus frommem
Eifer alle zur Weihe nöthige Sachen in weit
reichlicherm Maße an, als es vorgeschrieben
war. Und warlich! Niemals habe ich mich
weder diese Kasteiung des Fleisches, noch die
gemachten Ausgaben gereuen lassen. Auch
hatt' ich nicht Ursache! Ungerechnet, daß mit
der Götter Segen ich mir schon ein ansehnli-
ches Vermögen durch advociren erworben hatte:
So würdigte mich, nach wenig Tagen, der
großen Götter Größter, der Größten Höch-
ster, der Höchsten Gewalttigster, und der Ge-
walttigsten König — Osiris, nicht mehr unter eines Andern Bildung, sondern von Angesicht
zu Angesicht mit mir zu reden. Im Traume
schien Er in seiner eignen ehrwürdigen Gestalt
mir zu befehlen: Unverzüglich mich den aller-
rühmlichsten Rechtshändeln zu widmen, trotz
der Neider, welche der Ruf meiner durch uner-
müdlichen Fleiß erworbenen Gelehrsamkeit mir
zuziehen möchte. Ferner erhob Er mich, aus
dem gemeinen Haufen seiner Diener, in das
Collegium der Pastophoren; ja Er erkieset
mich so gar zu einem seiner fünfjährigen Decurionen. *)

Flugs

---

*) Fünfjährige Decurionen hießen die fünfjäh-
rigen Vorsteher des Collegium der Erzpriester.

Flugs ließ ich die Haare mir glatt wieder abscheren, und ohne meine Glaze auf irgend eine Art zu verbergen oder zu bedeken, trat ich voller Freude in dies sehr alte Collegium ein, das schon zu Sulla's Zeiten war gestiftet worden.

Ende.

Verbesserungen.

Erster Theil, Seite 2, Zeile 2, lies verschriene anstatt verschiehene.

Ankündigung S. 2, Z. 7, l. bebauetem st. bebaueten.

Leben des Apulejus S. VIII, Z. 23, l. gelegenen st. gelegenem.

— — — S. XIII, Z. 9, l. fallende Sucht st. Fallenbesucht.

— — — S. XV, Z. 5, l. verschrien st. verschriehen.

Goldner Esel, S. 2, Z. 6, l. Gefilden st. Gefilde.

— — — S. 27, Z. 21, l. daß st. das.

— — — S. 66, Z. 26, l. Bernstein st. Bernstern.

— — — S. 77, letzte Z., l. *El.* st. et.

— — — S. 167, Z. 23, l. *on* st. ou.

— — — S. 168, Z. 28, l. *pulvinaria* st. pluvinaria.

— — — S. 111, Z. 26, l. gescheiterter st. gescheuterter.

— — — S. 114, Z. 1, l. eifrigerer st. eifriger.

— — — S. 155, Z. 19, l. wehren st. wdhren.

— — — S. 234, Z. 26, l. rechten st. rechtem.

Zweiter Theil, S. 8, Z. 22, l. auszustreken st. auszureken.